マ　イ　ナ　ビ　新　書

教養として学んでおきたい
クラシック音楽

澤 和樹

マイナビ新書

はじめに

クラシック音楽、聴いていますか？

クラシック音楽というと、バッハやモーツァルト、ベートーヴェンといった作曲家が、まず思い浮かぶと思います。学校の音楽の時間で習った、あるいはテレビやラジオで聴いたことのある、いくつかの曲や印象的なメロディーを思い浮かべる方もいるでしょう。

そして、もしかしたら「なんだか古めかしい感じ」「難しくて堅苦しそう」「よくわからないけど、勉強しないとついていけないのでは」と感じていらっしゃる方も多いのかもしれません。

実際、自分自身の人生を振り返っても、その大半をヴァイオリンとともに過ごし、演奏活動や教育活動に勤しんではきたものの、クラシック音楽の定義やその世界の広がりについて深く考える機会をほとんど持たずにきました。

正直、クラシック音楽については、周囲にいるクラシック愛好家の友人たちのほうが、日々、楽器や演奏家、音楽を学ぶ学生たちに向き合っている私よりもよほど博識だったりします。

ですからこのたび、『教養として学んでおきたいクラシック音楽』というお題をいただき、こうして語る機会を得たわけなのですが、自分が何を語れるのか、あまり自信がありません。

ただ、ひとつ言えるのは——「クラシック音楽は、とてもいいものです」ということ。これだけは、自信を持ってお伝えできるし、したいと思っています。

数百年の時を経て現代に受け継がれてきたクラシック音楽には、いったいどんないいところがあるのか？

「教養」という格調高い言葉がついていますが、この本で私がお伝えしたいのは、

第2章　おすすめクラシック音楽・名曲カタログ〜バロック・古典派編〜

第3章 クラシック音楽家として生きるということ

第4章 おすすめクラシック音楽・名曲カタログ ～ロマン派から近現代音楽まで～

第1章　クラシック音楽とは何か？

クラシック音楽とは「長く残ってきた、いい音楽」

クラシック音楽と聞いて、皆さんが頭に思い浮かべるのはどんな音楽でしょうか？

オーケストラが演奏する壮大な交響曲。ヴァイオリンやピアノの美しい独奏。かつて学校の音楽室で見た作曲家の肖像画を思い出すと、それぞれが作曲した有名な曲が頭に流れてくる人もいるかもしれません。

では、その本質とは何か？　非常に単純に言ってしまうと、「長く大切にされてきた音楽」がクラシック音楽であると、私は考えています。

逆にいうと、最初からクラシック音楽として書かれたクラシック音楽はなく、あくまでそれぞれは、ある時代を生きていた作曲家が書き、演奏家が演奏していた音楽だということ。そうした音楽が時代を経て、また国や地域を超えて長く人々に愛され、現代まで演奏し続けられたことでクラシック音楽と呼ばれるようになった……ということです。

17世紀から19世紀のバロック、古典派、ロマン派が主流

もともと、クラシック音楽と呼ばれているジャンルの音楽には明確な定義はありません。

現在、多くの方が思い浮かべるクラシック音楽とは、17世紀から19世紀頃にヨーロッパで作られ演奏されて世界へ広がったバロック音楽、古典派音楽、ロマン派音楽の楽曲群だと思われます。

バッハやヴィヴァルディ、ヘンデルあたりが活躍した時代から、ウィーン古典派とされるハイドン、モーツァルト、ベートーヴェン、そしてシューベルトらから始まるロマン派を主流とする一連の作品が、それに当たるでしょう。

あるいは、オーケストラ（管弦楽団）で演奏される音楽がクラシック音楽だ、

と思われている方もいるでしょう。たしかにコンサートホールで演奏される交響曲（複数の楽章から構成される大規模な楽曲）をはじめ、ピアノやヴァイオリンなどのソロ奏者とオーケストラが合奏する協奏曲などは、その代表格といえます。

オーケストラでなくとも、少人数の管楽器や弦楽器の編成で演奏されるものや、ヴァイオリンやピアノのソロ演奏もあります。また、オペラ（歌劇）やバレエ音楽のように、演技や歌唱、舞踊のためにオーケストラが演奏する作品も、クラシック音楽の1ジャンルと位置づけられています。

西洋芸術音楽の歴史を少し紐解くと、その源流となったのは中世、キリスト教の聖歌から発達した教会音楽にさかのぼります。

教会から生まれた芸術音楽は、時代が進むと、王侯貴族や都市の保護のもと発展します。王侯貴族たちは音楽家のパトロン（後援者）となり、宮廷や館の広間で客人をもてなすために彼らにさまざまな音楽を作曲させ、演奏させました。音楽史におけるバロック時代、古典派時代と呼ばれる時代の音楽の多くは、こうして発展したものです。

例を挙げると、「音楽の父」と呼ばれたヨハン・ゼバスティアン・バッハは、ドイツ・プロテスタントのルター派教会音楽の頂点を極め、のちにザクセン＝ヴァイマル公国（現在のドイツ・テューリンゲン州あたりを治めた国家）をはじめとして、いくつもの宮廷に楽師や楽長として仕えました。『四季』で有名なアントニオ・ヴィヴァルディや、バロックのオラトリオを代表する『メサイア』で知られるゲオルク・フリードリヒ・ヘンデルも、やはりヨーロッパ各国の宮廷の庇護のもとで活躍した音楽家です。フランツ・ヨーゼフ・ハイドンも生涯の大半、ハンガリー貴族の宮廷で活躍し、天才音楽家として名高いヴォルフガング・アマデウス・モーツァルトも、幼少時から晩年にいたるまでヨーロッパ中の宮廷で演奏や作品を披露しました。

「室内楽」は室内で演奏する音楽という意味ではない

少し脇道にそれますが、この時代の作曲家が書いた音楽に、少人数の弦楽器や管楽器で演奏される「室内楽」があります。

ドイツ語で「カンマームジーク（Kammermusik）」、イタリア語で「ムジカ・ダ・カメラ（musica da camera）」と呼ばれるこの音楽は、室内楽という日本語に翻訳されると、なんとなく部屋の中で演奏される音楽全般を指すと思われがちです。

ですが、それは間違い。あくまでも教会音楽に対して、おもに王侯貴族の館の広間で演奏される世俗の音楽を指すのです。

王侯貴族が最高の作曲家に曲を書かせて、同じく当時最高の演奏家に演奏させた音楽が、室内楽です。一般大衆に対して屋内で演奏される音楽という意味ではなかったんですね。

王侯貴族から一般市民へ受け継がれた芸術

18世紀末にフランス革命が起こると、市民の力が急速に伸び、それによって音楽の様相にも大きな変化が起こります。

近代市民国家が形成されるにつれ、宗教や身分に縛られない人間の自由な感受性に重きを置いたロマン主義が萌芽します。文学や美術をはじめ、その精神は音楽にも影響を及ぼし、感情をより豊かに表現するロマン派音楽が誕生、発展していくことになるのです。

この時代、音楽の大きな変革を担ったのが、クラシック音楽の代表的作曲家のひとりであるルートヴィヒ・ヴァン・ベートーヴェンです。

ダダダダーン！　という迫力のあるイントロで知られる交響曲第5番（『運命』という題名がついていますが、この件についてはのちほど触れます）、年末になると各地で演奏される「第九」こと交響曲第9番をはじめ、数々の交響曲、管弦楽曲、ピアノ曲など傑作を世に送り出した彼の作品は、誰もが一度は耳にしたことがあるのではないでしょうか。

豊かな才能と同時に激しい気性の持ち主であった彼は、当初は貴族からの庇護を受けていたものの、その反骨精神から、貴族たちが好むような穏やかで快い音楽から脱却して自らの世界を追求しました。いうなれば、「食事をしながら聴くな、黙って俺の音楽を聴け！」という感じでしょうか。ハイドンやモーツァルトとは異なる主張のある音楽表現を繰り広げ、音楽家を芸術家という領域に引き上げたのがベートーヴェンであったといえるでしょう。

ベートーヴェンが活躍した時代以降は、「芸術」音楽が貴族社会から一般大衆に広がり、コンサートホールなども次々と建設されて、よりいっそう楽しまれるようになりました。また、ヨーロッパ各地で独自の民族性を表した音楽も多数作曲され、音楽はますます多彩になり、隆盛することになったのです。

名曲も最初は酷評された？

こうして、今に受け継がれるクラシック音楽の歴史が形作られていくわけですが、現在名曲として評価されている曲は、必ずしも発表当初から傑作として賞賛されていたわけではありませんでした。

たとえば、ロシアの大作曲家であったピョートル・チャイコフスキーの『白鳥の湖』は、バレエ音楽の傑作として名高いですが、初演時はその高度な音楽性が理解されず、上演は失敗に終わったといわれています。

また、バッハの代表曲のひとつとされる『マタイ受難曲』は、18世紀に初演されたあと100年間ほとんど忘れ去られていたのを、フェリックス・メンデルスゾーンによって再演されたことでふたたび一般の人々から関心が高まり、バッハの再評価にもつながりました。メンデルスゾーンが取り上げなければ、バッハがクラシック音楽の巨人として君臨することはなかったかもしれません。

つまり、いまはクラシック音楽とされている曲も、発表当時はその時代の作曲家が書いた最先端の音楽だったということです。「これこそがクラシック音楽だ」と意気込んで書いたわけではなく、時代を経た結果残ったすばらしいものをクラシック音楽と呼んでいるだけの話で、どの曲も、私たちが今耳にしているロックやポップスの新曲と、最初はまったく同じだったのです。

ビートルズもいまやクラシック音楽

新しく生まれた音楽が名曲になるのは、ひとえに時間と、それを支持し続ける人々の心があってのこと。その点で、50年前に作られたビートルズの曲についても、ロックであってもすでにクラシック音楽ではないかと定義する人もいます。これには納得です。

もちろん、オーケストラが演奏するために書かれた新曲も、毎年現代の作曲家によって生み出され、演奏されています。それらは、言ってみれば「クラシック音楽の手法で書かれた新曲」なので、傑作として時代に刻まれ、真のクラシック音楽に成長するかどうかは、これからの時代の評価にかかっています。

時代と国境を超えて愛されれば、100年、200年後には「すばらしいクラシック音楽だ！」と言われて、多くの人たちが学校で学ぶようなものになっているかもしれません。

前置きはこのくらいにして、次の章から、私が独断と偏見で選んだ、バロック期からロマン派にかけてのクラシック音楽のおすすめ曲をご紹介します。

いちヴァイオリニストとしてクラシック音楽に親しんできた私が、「この作曲家の、この曲をぜひ聴いてほしい！」と思う曲をリストアップしましたので、読みながら、ぜひお好みの音源で楽しんでいただければと思います。

第2章

おすすめクラシック音楽・名曲カタログ
〜バロック・古典派編〜

クラシック音楽の価値を知るには、まずは聴いてみることです。

でも、何から聴いたらいいのだろう……そう思われる方に、僭越ながら私から、おすすめしたい曲を選ばせていただきました。

私がヴァイオリニストであることから、好きでよく演奏している器楽曲が中心になっていますが、クラシック音楽の大まかな歴史の流れに沿って、作曲家ごとに、なるべく代表作を網羅できるように選曲しました。

それではまず、荘厳なバロック音楽、これぞクラシック音楽という格調高い古典派音楽の数々を、どうぞ。

バロック

●ヨハン・ゼバスティアン・バッハ（1685〜1750）

〈おすすめしたい曲〉

ブランデンブルク協奏曲

無伴奏ヴァイオリンのためのソナタとパルティータ

無伴奏チェロ組曲

2つのヴァイオリンのための協奏曲　ニ短調

祈りと結びついた、敬虔な気持ちになる音楽

バロック時代の最大の星であり、しばしば「音楽の父」と称えられるバッハ。宗教曲から室内楽、管弦楽曲まで多彩な音楽を残しています。

教会音楽と深く関わったバッハの音楽は、聖書の言葉やキリスト教的な精神と分かちがたく結びついています。

たとえば、祈りの言葉が歌詞となっている教会カンタータ（器楽演奏つきの声

楽作品）のように、神に対する賛美や懺悔の気持ちを音と結びつけて表現する手法を極めたのは、やはりバッハだったのではないでしょうか。

そうしたこともあってか、バッハの音楽にはどこか独特の響きがあって、聴いているだけで気持ちが整うような感じがします。代表曲のひとつである管弦楽組曲第３番の第２曲、通称『G線上のアリア』には、心身がリラックスした時に出る脳波であるアルファ波を引き出すという説があります。

膨大な作品群の中で、個人的にとくに好きなのが**ブランデンブルク協奏曲**。第1番から第６番まで、さまざまな楽器編成で構成される協奏曲集で、とくに弦楽だけのシンプルな編成ながら活気に溢れた第3番は、東京藝術大学（以下、藝大）の学生時代に結成した弦楽合奏団「ラーチェロ室内合奏団」でも何度も演奏した思い出深い曲です。

無伴奏ヴァイオリンのためのソナタとパルティータは古典の名作で、ヴァイオリンを学ぶ人にはなじみの深い曲。小学４年生くらいで挑戦する学生コンクールから著名な国際コンクールまで、しばしば予選の課題曲になっていますし、音楽大学の入試でも必ず課題に入っています。

無伴奏チェロ組曲も、誰もが一度は耳にしたことがあるでしょう。近年では世界的チェロ奏者、ヨーヨー・マの演奏で注目を浴びました。

2つのヴァイオリンのための協奏曲は、複数の旋律の対話と調和が特徴。バッハはとても数学的な頭脳の持ち主だったようで、その音符の並びを解析すると非常に美しく、驚くような幾何学的完成度を持っているという話を聞いたことがあります。そうしたことも、曲を聴いて感じる快さにつながっているのかもしれません。

今は巨匠としての評価がすっかり定着したバッハですが、実は音楽史においては忘れられかけていた時期もありました（↓第1章29ページ参照）。しかし、バッハがバロック期に打ち立てた音楽技法の基礎は、その後のクラシック音楽の作曲家たちに大きな影響を与えています。

独創的な音楽性を発揮したモーツァルトやベートーヴェンも、生涯を通じてバッハの音楽の研究を重ね、作品の中にはバッハの影響を感じさせる部分があり、やはり敬愛される大作曲家であったことがうかがえます。

●アントニオ・ヴィヴァルディ（1678〜1741）

〈おすすめしたい曲〉

ヴァイオリン協奏曲集より『四季』

少女たちのために名曲を書いた名プロデューサー

ヴェネツィア（ヴェニス）生まれのヴィヴァルディも、バッハと同時代の作曲家。彼の代表作といえば思い浮かぶのはやはり**『四季』**ですが、もともとこの曲は『和声と創意の試み』という12曲からなる協奏曲集の第1曲から第4曲で、それぞれに「春」「夏」「秋」「冬」という題名がつけられていたことから、まとめて『四季』と呼ばれています。

ほかの8曲もとてもいい曲なのですが、やはり『四季』の4曲は自然の風景を感じる描写がすばらしく、突出しておもしろみがあります。とくに第1曲「春」の中のヴァイオリンのソロは華やかで私も憧れを感じており、中学時代から挑戦してきました。

ヴィヴァルディの本職はカトリックの司祭で、彼はヴェネツィアのピエタ女子養育院という孤児を養育する慈善施設で音楽を教えながら作曲を行いました。

ユニークなのは、彼が音楽の才能を見出した少女たちにヴァイオリンやチェロを教えて少女合奏団を組織し、演奏活動をさせていたことです。

彼女たちのレパートリーとして、ヴィヴァルディは500～600もの曲を書いたといわれていますが、『四季』はその中の代表作。10代の女の子たちの演奏は人気を集め、観光面でもヴェネツィアの街にたいへん貢献をしたそうです。そう考えるとヴィヴァルディはバロック時代の秋元康さんだったのかな？　と思ったりもします。

実は私も、女性弦楽奏者たちを集めて『四季』の演奏会を行ったことがあります。なかなか華やかなステージとなり、若い女性たちの中にオジサンひとりで加わった私は、自分にヴィヴァルディを重ねながら演奏を行ったのでした。

東京藝大とヤマハ株式会社の共同開発で、ヴィヴァルディの『四季』にアニメーションをつけ、AI（人工知能）が生演奏に動画を同期させる技術をロサンゼルスほかで披露

古典派

●フランツ・ヨーゼフ・ハイドン（1732〜1809）

〈おすすめしたい曲〉

弦楽四重奏曲　ニ短調『五度』Op.76-2
ハ長調『皇帝』Op.76-3
ニ長調『ラルゴ』Op.76-5

弦楽四重奏のすばらしさを教えてくれた大作曲家

教会音楽に傑作の多いバロック時代と比べて、音楽のジャンルと形式がぐっと多様になるのが古典派の時代。その中で、おもにウィーンとその周辺で活動し、名声を高めたのがハイドン、モーツァルト、ベートーヴェンの3人。ウィーン古典派といわれる彼らの中から、まずハイドンをご紹介します。

大変な多作家で、生涯を通じて100曲以上の交響曲を書いたハイドンは「交響曲の父」と称えられていますが、ヴァイオリニストである私にとっては「弦楽四重奏の父」と呼びたいほど数多くの弦楽四重奏曲の傑作を書いた作曲家です。

70曲近く作曲された中でとくに傑作の呼び声が高いのが、**『五度』『皇帝』『ラルゴ』**の3曲。『五度』はその名の通り、ラ↙レ、ミ↙ラというように5度下行する音程が目立つ主題（基調となる旋律）が繰り返し出てくることから後世、そう呼ばれるようになりました。

『ラルゴ』は「ゆるやかに」という速度を指示する音楽用語から。その第2楽章は、ゆったりとした美しいハーモニーが特徴です。

『皇帝』の第2楽章は、神聖ローマ帝国最後の皇帝であるフランツ2世に捧げた曲。原曲の歌曲「皇帝讃歌」は、現在のドイツ国歌になっているので、オリンピックやサッカーのワールドカップなどで耳にしたことのある方も多いことでしょう。私にとっては、藝大に入って最初に室内楽の授業で演奏した、とくに思い出深い曲のひとつです。

ハイドンの弦楽四重奏曲は、この3曲をはじめとして今でもコンサートなどで演奏する機会が多いのですが、そのたびに感じるのは、ヴァイオリン2本とヴィオラ、チェロという、音域の異なる4つの弦楽器で構成する弦楽四重奏の編成の絶妙さです。それをひとつの音楽ジャンルとして確立してくれたハイドンには、ヴァイオリニストのひとりとして感謝しています。

●ヴォルフガング・アマデウス・モーツァルト（1756〜1791）

〈おすすめしたい曲〉

ピアノ協奏曲（第20番・第21番・第23番・第27番など）

ヴァイオリンとヴィオラのための協奏交響曲　変ホ長調　K.364
交響曲（第25番・第35番・第36番・第39番・第40番・第41番など）
弦楽四重奏曲（第14番・第15番・第16番・第17番・第18番・第19番）
弦楽五重奏曲（第3番 ハ長調 K.515・第4番 ト短調 K.516）
オペラ『フィガロの結婚』K.492
『ドン・ジョヴァンニ』K.527
『コジ・ファン・トゥッテ』K.588
『魔笛』K.620

明るく華やかな天才の傑作は現代でも大人気

クラシック音楽の作曲家といえば、誰もが名前を挙げるモーツァルト。音楽の天才として少年時代からその才能を開花させ、35年という短い生涯を終えるまでに数々の名作を書き残した、クラシック音楽界の大スターです。

難しそうな印象を持たれがちなクラシック音楽ですが、モーツァルトの曲は一度聴けば必ず頭に残る、親しみやすく美しいメロディーが特徴。死後200年以上経ってもまったく色あせることなく、現在も世界中の音楽家によって演奏され、聴衆の心を魅了しています。演奏家にとっては、演奏会のプログラムにモーツァルトの曲を入れるとチケットが売れるという神通力を発揮してくれる、ありがたい作品群でもあります。

そんな天才の楽曲ですから、当然どの曲もすばらしく、一度は聴いていただきたいのですが、私からとくにおすすめしたい曲を厳選して紹介します。

まず、ピアノとオーケストラで演奏する**ピアノ協奏曲**。「ヴァイオリニストなのにヴァイオリン協奏曲じゃないの？」と言われそうですが、もちろんヴァイオリン協奏曲もすばらしいけれど、私個人の見解としてはここに挙げたピアノ協奏曲のほうが、より作品の完成度が高いと感じられます。どの曲も名曲ですが、短調の哀しげな調べが美しい第20番、ゆったりとしたハ長調の調べが究極の癒しをもたらす第21番をとくにおすすめしたいと思います。

華やかなヴァイオリンの旋律と落ち着いたヴィオラの響きが調和する**ヴァイオリンとヴィオラのための協奏交響曲**は、私もヴァイオリン、ヴィオラをそれぞれソロで弾いたことがあり、また指揮をしたこともあって、これまでもっとも演奏機会の多かった協奏曲のひとつです。英雄的な変ホ長調の壮麗な第1楽章や、ハ短調の哀切極まりないオペラの二重唱を思わせる第2楽章、軽快な第3楽章とのコントラストが見事です。

交響曲、オペラ……どんな曲調でも品格は失われず

交響曲も、これまた名曲揃いで、どれも聴いていただきたい曲ばかり。第25番の冒頭部分は、モーツァルトの生涯を同時代の音楽家アントニオ・サリエリの視

点から描いた映画『アマデウス』で、印象的に使われました。

弦楽四重奏曲では、**ハイドン・セット**と呼ばれる**第14番から第19番**を。その名の通り、作曲家ハイドンに捧げられた曲です。

ハイドンはモーツァルトにとっては先輩格で、先にハイドンの項で紹介したように弦楽四重奏曲の傑作を多数書いていますが、モーツァルトはその一連の作品、とくに『太陽四重奏曲』と呼ばれる作品集に影響を受け、作曲したといわれています。このように、作曲家が別の作曲家に捧げるために作った曲はほかにもいくつかあり、彼らがお互いの仕事に敬意を抱いていたことがわかります。

『不協和音』というニックネームのついた**第19番**の冒頭は、まさに不協和音の連なる不穏な響き。でも、そのあとにモーツァルトらしい明るく軽快なメロディーがあらわれる、不思議な魅力のある曲です。

弦楽五重奏曲第3番・第4番は、モーツァルトの創作の全盛期に書かれた2曲。ハ長調とト短調の明暗が対照的な、彼の音楽性の深い熟成が感じられる曲です。

そして、モーツァルトはオペラでも数々の名作を残しています。

とくに有名で現在も繰り返し上演されているのが**『フィガロの結婚』『ドン・ジョヴァンニ』『コジ・ファン・トゥッテ』『魔笛』**。『ドン・ジョヴァンニ』はシリアスな場面もありますが、ほかの3作品は基本的に喜劇。ドタバタ的な部分があっても、決して安っぽくありません。また「コジ・ファン・トゥッテ」は、訳すと「女はみなこうしたもの」となり、今の時代、セクハラや女性蔑視として問題になりそうなタイトルと内容ですが、観終わり聴き終わったあとに必ず幸せな気持ちが残るのは、さすがモーツァルトだと感じます。

オペラ初心者の方におすすめしたいのは、若い王子と王女の冒険物語である『魔笛』。子どもが観てもわかる平易なストーリーと、明るく華やかな音楽で彩られた傑作です。

クラシック音楽ミニ知識・作品につけられた「K.○○○」とは？

モーツァルトの楽曲について調べていると、作品に「K. ○○○」と数字が振られていることに気づきませんか？

これは「ケッヒェル番号」と呼ばれるもので、オーストリアの音楽学者、ルートヴィヒ・フォン・ケッヒェルがモーツァルトの全作品を年代順に整理し、つけた番号です。

また、作品には作品番号という、多くの場合、出版された順番につけられた番号も存在します。これらはオーパスと呼ばれ、Op. ○○○と表記されますが、これも必ずしも作曲された順とは限らず少々ややこしいのですが、おおむね作品の若い順につけられています。

ケッヒェル番号のように、作曲家ごとに独自の番号が振られる例はほかにもあり、バッハ作品のＢＷＶ（バッハ作品目録番号）、ハイドン作品のホーボーケン番号（ハイドン作品目録。Hob.○○○と表記)、シューベルト作品のドイチュ番号(D.○○○と表記)などがあります。

●ルートヴィヒ・ヴァン・ベートーヴェン(1770〜1827)

〈おすすめしたい曲〉

交響曲(全9曲)
ピアノ協奏曲(第4番・第5番)
弦楽四重奏曲(ラズモフスキー1番〜3番、第12番〜第16番)
ピアノソナタ(第8番『悲愴』・第30番・第31番・第32番)

作曲家をアーティストに押し上げた音楽の革命家

天才モーツァルトに並び称されるクラシック音楽界の大スターが、ベートーヴェン。生まれ年ではたった14年しか違わないこのふたりは、ほぼ同時代の人として、ウィーンを中心に活躍したことになります。

第1章でも述べましたが、ベートーヴェンは音楽史上にはじめて登場した、芸術家らしい芸術家だったのではないかと思います。

バロック期は教会や王侯貴族から、それに続く古典派の時代は王侯貴族や市民団体からの依頼を受けて作曲家は曲を書いていました。ベートーヴェン自身も、もちろんそうした位の高い人々からのオーダーで曲を作りはじめましたが、彼の高い芸術性は、貴族たちが食事の背景で聴きたいような耳ざわりのよい音楽を書くことだけでは満足できなかったのでしょう。

彼の音楽からは、今の言葉で言うならば「ガチで俺の曲を聴け！」と言うような魂の叫びが聞こえてきます。性格的にも激しい気性であったといわれる彼の芸術家としての熱情は、聴力を失うという人生の悲劇を経て、やがて哲学的、思想的なものへと高められていきます。

交響曲でも室内楽でもあらたな局面を開いた

交響曲に室内楽曲、ピアノ曲とこれまた膨大かつ名曲ぞろいの中から、まずおすすめしたいのは、なんといっても交響曲。生涯で作曲した9つの交響曲はいずれも聴いて損のない傑作です。

ナポレオン・ボナパルトに捧げようとした**第3番『英雄』**に、クラシック音楽史上もっとも強烈なフレーズが響く**第5番『運命』**。**第6番『田園』**は、第5番とは対照的に、明るく穏やかな曲調で自然の風景や人々の営みを描き出していきます。

そして合唱『歓喜の歌』で知られる**第9番**は、日本では「第九」として年末に各地で演奏され、風物詩のひとつとして定着していますが、平和や人類愛を込めた作詞者のシラーとベートーヴェンの哲学性をにじませた壮大な曲です。

ピアノ協奏曲にも、美しい曲がたくさんあります。ピアノとオーケストラが対話するように進む**第4番**、**『皇帝』**の通称で呼ばれる**第5番**は華麗な導入部から終盤の軽やかさまで心を躍らせます。

ヴァイオリン奏者としてとくにおすすめしたいのは、**弦楽四重奏曲**。とくにロシア人貴族アンドレイ・ラズモフスキーに捧げられた**第7番・第8番・第9番（通称ラズモフスキー1番〜3番）**は、のちのロマン派につながるベートーヴェン独自の弦楽四重奏のスタイルを確立したとされる、いずれもインパクトの強い名曲です。

弦楽四重奏は、第1・第2の2本のヴァイオリンとヴィオラ、チェロで演奏される室内楽の総称ですが、それまでハイドンやモーツァルトによって書かれた弦

したのですが、私は「本当に音の出るものがいい」と言い張り、結局、母は楽器店で8分の1サイズの子ども用ヴァイオリンを購入することになりました。

これが、私が手にした人生最初のヴァイオリン。買っただけでは弾き方がわからないので、その楽器店の2階のヴァイオリン教室に入門し、教わることになったのです。

音楽や楽器との出合いは音楽家によってそれぞれ異なることと思いますが、私の場合はこんな具合でした。

ちなみに、ヴァイオリンを手にしていたのは木で家を建てる（そして、その家をオオカミに吹き飛ばされてしまう）2番目のこぶたで、ワラの家を作った兄のこぶたはフルートを、レンガの家を建てる賢い末っ子のこぶたはピアノを弾く、音楽好きの三兄弟だったのです。お気づきでしたか？　我々音楽仲間でも、フルーティストやヴァイオリニストよりピアニストのほうが堅実で計画性のある人が多いようです。

クラシック音楽のルーツに触れる出会いに恵まれた

絵本で知ったヴァイオリン以外にも、幼少期には音楽との貴重な出会いがふたつありました。

ひとつは、伯父がレコード会社に勤めていた関係からか、私が生まれた頃から家には電蓄（電気蓄音機。ステレオの前身）があり、クラシック音楽の世界名曲全集のような、交響曲を収めたＬＰレコード集があったことです。今回、おすすめしたクラシック音楽の名曲も、そのレコードではじめて聴いた曲がいくつもあります。

また伯父は、「子どもの頃から音楽を学ぶといい子に育つ」と母に勧め、そのおかげで私は本格的にヴァイオリンのレッスンに通えることになりました。私が子どもだった昭和30年代前半は、戦後十数年経って世の中がようやく落ち着きを取り戻し、子どもの教育、とくに音楽の早期教育が盛んになり始めた頃だったのです。

そして、4歳になって通い始めたカトリック系の幼稚園で、私にとっての音楽の母とも呼べる存在であるシスター、相川《あいかわ》ノブ子先生に出会ったのも大きなことでした。

私が通っていた和歌山信愛《しんあい》女子短期大学附属幼稚園はカトリック教会に隣接していて、毎日のように礼拝があったのですが、シスター相川のオルガン伴奏に合わせて、シスターたちがとても美しい声で聖歌を歌っていました。

当時、ヴァイオリンをやっている子は珍しかったので、私はシスターたちに可愛がってもらい、クリスマスのミサではシスター相川の伴奏で演奏させてもらうことが定番になりました。

家とは違う、天井の高い教会で弾くときのすばらしい響きに、幼かった私はすっかり魅了されました。思えば、ヨーロッパのクラシック音楽自体が、もともとは教会音楽から発展したもの。偶然ではありますが、のちに海外留学をするずっと以前からこうした音楽を身近に感じてきたということは、私の音楽人生の大きな後押しになったと思います。

小学2年生になるまで、私は楽器店のヴァイオリン教室で習っていて、教会では時折、シスター相川の伴奏で演奏させてもらっていました。

しかし、「あなた、4年もやっているわりにはちっとも上手にならないわね」と言われ、シスター相川のご紹介で、藝大を卒業され東京フィルハーモニー交響楽団の首席奏者を務めた後、大阪の相愛《そうあい》学園で教えていた東儀祐二《とうぎゆうじ》先生に入門することになったのです。

最初に東儀先生の前で弾いた私の評価は「基礎がぜんぜんできていないし、音程もよくない」とさんざんで、あわや門前払いになるところでした。ただ、先生は私の手を見て「おう、バナナのようないい手をしとるな。これだったらなんとかなるかもしれん」と言って、入門を許可してくれたのです。

指はそれほど長くはないものの、親指以外の4本が揃っていて、しかも太くて指先が柔らかい……というのが、ヴァイオリンを弾くのに理想的な手なのだそうです。私は生まれたときの体重が4000グラムを超えていたそうで、幼少時もずっと肥満児だったのですが、このときばかりは自分の体型に感謝しました。

こうして、和歌山の自宅から大阪まで2時間以上かけて、ヴァイオリンのレッスンに通う日々が始まりました。

小学4年生からは毎週土曜日、音感教育（音の高さやリズム感、ハーモニーの感覚を鍛えるなど、音楽を学ぶ基盤をつくるための総合教育）も受けることに。同時に相愛ジュニアオーケストラの練習にも加わるようになり、はじめて仲間たちと合奏し、ハーモニーの美しさを実感する楽しさを覚えました。

「楽器はなるべく早く始めたほうが有利なんでしょうか？」というのも、よく訊かれることです。

藝大に通う学生たちだと、やはりピアノやヴァイオリンを3、4歳から始めている子が多いのは確かです。音楽家としての耳の感覚を養うこと、そして演奏に必要な運動能力の鍛錬を始めるのは、やはり早いほうが望ましく、7、8歳くらいだとやや遅めということになります。

一方で、クラリネットやトランペットなどの管楽器になると、中学や高校のクラブ活動ではじめて触れるという子がほとんど。声楽にいたっては、本格的な訓練は、変声期が終わってからとも言われ、スタートはさらに遅くなります。

ですので、早いに越したことはないけれども、それだけでもないというのも事実で、やはりレッスンを続けていけるかどうかが音楽家としての将来へつながる道なのだと思います。

音楽家になる夢を捨てず、普通高校から藝大へ

東儀先生の厳しいレッスンを受けながら、11歳頃から毎年、全日本学生音楽コンクールに挑戦するようになり、12歳で西日本大会第3位、14歳で第2位、15歳

で第1位、さらに全国大会でも優勝することができました。

相愛ジュニアオーケストラや、コンクールの行く先々で音楽を志す友を得た私は、高校からは東京へ行き、音楽高校に進んでさらに勉強したいと願うようになりました。

しかし、サラリーマン家庭にはそんな経済的な余裕もなく、また長男である私が音楽の道に進むことを父親が反対していたため、私は地元の進学校である和歌山県立桐蔭《とういん》高等学校に入学することになりました。

ヴァイオリンの腕を競っていた友人たちが次々と音楽高校に入学して音楽の道に邁進するなか、自分ひとりが取り残されたような気がして、このときは落ち込みもしました。しかし、普通科の高校に進学したことで多くの友人ができ、また文化祭での演劇や甲子園を目指す野球部の応援など、音楽専門の学校では経験できなかったであろうさまざまな挑戦をすることができました。

そして、高校時代にできた友人たちとは信頼関係で結ばれ、彼らはいまも私の音楽活動を応援してくれる心強い存在です。音楽家の進路としては少々回り道ではあったかもしれませんが、こうした人たちとのつながりができたことは、のちのちの人生にとって大きな宝だったと思います。

そんな私自身、高校2年生までは文系にも理系にも進めるクラスにいたので、医者や建築家になることを考えた時期もありました。しかし、高校2年の時の日本音楽コンクール入選をきっかけに、やはり音楽の道を志したいと、藝大受験を目指し、1973年に無事、東京藝術大学音楽学部に入学することができました。

藝大に入学する場合、やはり私のように地方から東京まで来てレッスンを受け、受験に臨む学生が多いようです。

しかし、どうしても経済的な負担がかかってしまうのが悩みの種。しかも、私が少年時代を過ごした高度経済成長期やその後のバブル期と違って、長い不況を経験した今、多くの家庭にとって子どもの芸術教育にお金をかけることがなかなか難しくなっています。

その状況の一助になれば……ということで、藝大では2014年から、小学4年生から中学2年生を対象として、藝大の教員が地方に出向いて公開でレッスンし、いち早く優秀な才能を発掘して育てる「早期教育プロジェクト」を始めました。さらに2017年からは「東京藝大ジュニア・アカデミー」という、中学生を対象にした専門的な音楽教育を受けられる場を設けています。

ジュニア・アカデミーでは月2回、年間24回のレッスンで、受講料はいただくものの、遠隔地から通う生徒には奨学金制度を設け、旅費の補助に当ててもらう仕組みもつくりました。首都圏在住でなくとも、音楽家を志す若い才能を伸ばすために役立ててもらえればと思っています。

学生時代・コンクールで世界に挑戦

大学に入ってからは、ヴァイオリンのレッスンを重ねながら学内で弦楽合奏団

（ラーチェロ室内合奏団）を結成したり、学外のプロのオーケストラの演奏会に客演コンサートマスターとして参加したり、コンクールに挑戦したりと、忙しい日々を過ごしていました。

藝大では、毎年9月に「藝祭《げいさい》」という学園祭が開催されます。普段はあまり交流のない美術学部と音楽学部が一緒になって、模擬店をやったり、出し物をやったりするのですが、学部1年生のときには私も法被を着て焼き鳥を焼いていました。

しかし、今ならもう時効だと思うので告白しますが、日本音楽コンクールの予選を翌日に控えていたのに、私ははじめての藝祭が楽しすぎてその夜泥酔してしまい、まさかの予選敗退。これにショックを受けて、翌年からは藝祭参加を自粛しました。

20歳のときには、日本のユースオーケストラのコンサートマスターとして、ユーゴスラヴィアで開催されたベオグラード青少年音楽祭に参加し、はじめて海外での演奏活動を経験しました。私にとっては、これが初の海外渡航でもありました。

音楽学部を卒業し、大学院音楽研究科修士課程に進学した年、フランスのパリで開催されたロン＝ティボー国際コンクールで第4位に入賞することができました。それ以前にも日本人の国際コンクール入賞者はいましたが、全員が留学先からの参加で、当時の私のように留学歴がないままに日本から乗り込んでの入賞は珍しかったようで、新聞に「純国産で初の入賞」と書かれたのを覚えています。

また、同じ年にはヴィエニャフスキ国際ヴァイオリン・コンクールで第6位に入りました。ロン＝ティボー国際コンクールのほうが一般的には馴染みがありますが、開催国ポーランドでは、ショパン国際ピアノコンクールのヴァイオリン版として重要に扱われていて、これもたいへん名誉な入賞でした。

三大音楽コンクールとして有名なショパン国際ピアノコンクール、チャイコフスキー国際コンクール、エリザベート王妃国際音楽コンクールをはじめ、若い音楽家たちは、10代後半から20代にかけてさまざまな国際コンクールに挑戦します。

日本人の入賞者が出ると大きく報道されるので、聞いたことのある方も多いと思いますが、若い時代に世界に挑戦することは、音楽家にとってやはり大切な経験だといえます。自分の育った土地でない場所、母国語でない言語の環境であらためて音楽を学んで捉えなおすことで、音楽家の世界観は大きく広がるからです。

そしてコンクールは、音楽家が自身の腕試しをする場であると同時に、その国がどのくらい音楽や芸術に力を注いでいるかが明らかになる場でもあります。

近年、圧倒的に強いのは韓国。出場する本人だけでなく、親も先生も、それこそ命がけで入賞を勝ち取りに来るので、日本からの出場者とは覚悟が違うなぁと感じます。有名コンクールの上位入賞者には兵役免除などの特典もあると聞きますし、そもそも韓国は文化芸術に国の予算の1パーセントをかけるほど、芸術振興に力を注いでいるお国柄。残念ながら日本はその九分の一のわずか0・11パーセントなのが現実です。この差は、これからますます顕著になっていくのではと危惧しています。

留学時代・スランプに直面し芸術家として生きる厳しさを実感

さまざまな経験を積んだ学生時代も、いよいよ終わりに近づきました。修士課程を修了したのち、私はＮＨＫ交響楽団（以下、Ｎ響）のコンサートマスター（首席奏者。詳しくは第５章１４６ページを参照）に就任することが決まっていました。

音楽家としては一応、就職先が内定した状態。しかし、そこでまた運命を変える出会いが訪れます。

その頃、ハンガリー生まれでロンドン在住のヴァイオリニスト、ジェルジ・パウク氏が来日してＮ響に客演し、私はオーケストラで共演する機会に恵まれました。その演奏は、度肝を抜かれるほどにすばらしいものでした。正直、当時の日本で彼は無名の存在でしたが、ヨーロッパにはこうした実力のある演奏家が山ほどいるのだという現実を見せつけられた思いでした。

N響は日本ではナンバー1ともいえる交響楽団ですし、卒業後すぐにそのコンサートマスター就任ともなれば、野球でいえば学生野球からいきなり「ジャイアンツの4番打者」です。しかし、今の自分の実力でその地位に相応しいのだろうか、とても務まらないのではないか……。そうした疑問や不安が湧き上がりました。パウク氏からの「まだ若いうちにヨーロッパでソリストを目指して勉強を続けては？」という助言もあり、そうして私は、24歳で入団したN響をわずか8カ月で退団し、文化庁芸術家在外研修員としてロンドンへの留学を決意しました。ちょうどその頃、藝大で知り合ったピアニストの蓼沼恵美子《たでぬまえみこ》との結婚を決めていたのですが、その結婚もN響への入団を前提に許してもらったようなものだったので、周囲も混乱させてしまったと思います。

しかし、25歳で渡ったロンドンでの新婚留学生活は、弾みをつけようと受けたコンクールの予選敗退で始まる苦いものでした。パウク氏に紹介してもらったベラ・カトーナ先生からは、基礎から学びなおすことを勧められ、小学生の頃にやった指の体操のようなレッスンからの再スタートに、正直「こんなことをするためにN響を辞めてわざわざロンドンまで来たのか……」と落胆しました。

文化庁からの派遣でしたから、支給されるお金はありましたが、物価の高いロンドンでの生活は厳しく、この時期は双方の実家からの仕送りと、ロンドン在住の日本人家庭の子どもたちへのヴァイオリンやピアノのレッスンで得る収入が頼りでした。

さらに、演奏の機会すらままならない生活への焦りと不安から十二指腸潰瘍を患った私は10キロも痩せてしまい、この頃は人生で最初にして最大のスランプともいえる時期だったと思います。車の運転が好きで、道を覚えるのも得意だった私は、一時期、ロンドン・タクシーの運転手になることを大真面目で考えたほどでした。

文化庁からの派遣期間は2年で終わり、一時帰国するものの、その後ブリティッシュ・カウンシルの奨学助成金を得て留学を継続することになりました。師匠からもようやく曲を演奏する許可が出て、練習にも徐々に身が入るようになり、28歳のときには妻の恵美子と一緒に受けたミュンヘン国際コンクールのヴァイオリン・ピアノ二重奏部門で第3位に入賞することができました。

留学の間、スランプに苦しみながらもレッスンを受け続け、数々の演奏会やオペラで本場の演奏に触れて培ったものがやっとかたちになった、うれしい成果でした。

30代から現在・教師と演奏家の二足のわらじで

そのままイギリスに留まり、演奏活動を続けることも考えましたが、当時も今も外国人が演奏家のユニオン（組合）に加入することは難しく、それができなければオーケストラ等に所属して収入を得ることはほぼ絶望的な状況でした。

そんなとき、母校である藝大から常勤の教員にならないかという国際電話がかかってきました。

ちょうど退任される先生の後任候補ということで、悩んだ末、29歳の私は4年間の留学生活を終えて帰国することを決めたのです。

1984年に藝大の専任講師となり、翌年に助教授（当時）に昇任。こうして大学で教える生活がスタートしましたが、それからもヴァイオリニストとしての演奏活動は続けました。

1989年、34歳で英国王立音楽院に派遣された際に聴講した20世紀最高のクヮルテットのひとつ、アマデウス弦楽四重奏団のメンバーによる講習会に刺激を受け、帰国後の1990年に弦楽四重奏団「澤クヮルテット」を結成。蓼沼恵美子とのヴァイオリン・ピアノのデュオ（二重奏）とともに、現在もライフワークとして演奏活動を続けています。

ライフワークの「澤・蓼沼デュオ」　写真：江森康之

もうひとつのライフワーク「澤クヮルテット」　写真：武藤 章
第1ヴァイオリン：澤 和樹、第2ヴァイオリン：大関博明、
ヴィオラ：市坪俊彦、チェロ：林 俊昭

藝大で教えることと演奏活動は両立可能なのですか？　と尋ねられることがありますが、時間的にはそれは可能です。

学生に教えるのはほとんどが個人レッスンなので、普通の大学の講義のように、何曜日の何時限に必ず学校に行かなければならないわけではなく、比較的フレキシブルに予定を組むことが可能でした。

私が学生の頃は、現役の演奏家が常勤教員として教えることはあまりありませんでした。当時の藝大は法人化以前の国立大学で、教員は国家公務員の身分でしたから、兼業についての厳しいルールがあり、教授や助教授が学外の演奏会に出演して収入を得ることに、ある種の「うしろめたさ」があったのかもしれません。

しかし、いま藝大で教えている先生、とくに実技系教員のほとんどは現役の演奏家です。国内外で演奏活動を行いながら、コンクールの審査をしたりすることは、教育者としての研究活動にもつながることであり、一般大学の教員が論文発表を行うことなどと同様に実績として認められるようになってきました。

何より、第一線の音楽シーンで活躍している先生方は、学生にとっては憧れの存在でもあるでしょうし、音楽家として生きていくためのロールモデルにもなりうるわけですから、私は非常にいいことだと思っています。

音楽家、芸術家はもっと社会に貢献できる

50歳で音楽学部の教授となり、59歳で音楽学部長に。さらに2016年、61歳になった私は、藝大の学長を拝命することになりました。それまで長く美術学部の先生が務めてきた学長職に、音楽学部から実に37年ぶりに就くことになったのです。

ちょうど私が学長に就任した頃、作家の二宮敦人《にのみやあつと》さんが書かれた『最後の秘境・東京藝大』（新潮社刊）がベストセラーとなり、藝大に注目が集まりました。

その本の帯に記されていたキャッチコピーは、《入試倍率は東大の三倍！》《卒

業後は行方不明者多数？》というもので、私はそれを見て、なるほどうまいことを言うなぁ、その通りだなと感心しました。

藝大は、明治時代に設立された東京美術学校と東京音楽学校が統合して戦後に誕生した大学ですが、前身である両学校時代から、時代をリードする芸術家、音楽家を輩出することが本務であり、卒業後すぐに就職する人たちを〝負け組〟とみなす伝統が長く続いてきました。

大学を卒業したあとも、大学院に進んで勉強し、さらには留学をしたりしながら、美術家や音楽家として何年も何十年もかけて芸を極めるのが王道……とされている中で、行方不明者が多数生まれてしまっているのかもしれません。

もちろん、芸術家としての道を追求するのは尊いことです。しかし、現代という時代、生活の心配をせずに芸術に邁進する生き方を選ぶことは、芸術を極める以上に難しいことです。

音楽家にしても、クラシック音楽を一生の仕事にするには、プロのオーケストラに就職するなど安定的に演奏できる環境に身を置かなくてはなりません。

しかし、国内のオーケストラの数は限られており、しかもいくら優秀な奏者であっても欠員が出なければ、新しく採用されることはありません。たまに募集があっても、100人以上が受けて1人しか採用されないというような「超・狭き門」なのです。

フリーランスの音楽家として演奏活動で身を立てていくこともまた、非常に険しい道のりです。安定的に収入を得られる保証はありませんので、多くの人は学校や音楽教室で指導をしたり、個人的に生徒を教えたりしながら生計を立てていくことになります。

近年では、藝大を卒業して一般企業に就職する人も増えてきました。私はこのことは決して負けではないと思います。

ピアノ専攻でピアニストを目指した人でも、人前でピアノを弾くことだけがその人にできる社会貢献ではないでしょう。音楽の鍛錬をして培った精神力を芸術以外のジャンルで発揮することもできるでしょうし、音楽教育で養ったセンスを何かの方法で世の中に活かすことは可能だと思います。

そうして社会の一員になりつつ、自分なりの音楽活動を続けていくこともまたできるでしょう。今の時代は、音源を作ってSNS（ソーシャルネットワークサービス。ツイッターやインスタグラム、ユーチューブ、ティックトックなどが代表的）で公開するなど、私が若かった頃とはまったく違った音楽活動ができる土壌があり、チャンスも広がっています。

そうした可能性を秘めた学生たちを、単なる行方不明者にすることなく、いかに世の中を豊かにする存在にしていけるか……ということが、教育者としての私の使命だと考えています。

そのためにいま、取り組もうとしていることを、第7章にまとめています。クラシック音楽のあらたな可能性についても提示することになりますので、ぜひお読みいただければと思います。

第4章

おすすめクラシック音楽・名曲カタログ
～ロマン派から近現代音楽まで～

第2章に続き、ロマン派以降のクラシック音楽の中からおすすめしたい名曲を作曲家ごとにご紹介します。

時代が進み、ますます多彩になる音楽界でそれぞれの作曲家が何を志し、表現を深めていったか……お気に入りの曲を見つけて、どうぞ楽しんでください。

ロマン派

●フランツ・シューベルト（1797〜1828）

〈おすすめしたい曲〉
交響曲第7番『未完成』D.759
　第8番『グレイト』D.944
弦楽四重奏曲第13番『ロザムンデ』D.804

第14番『死と乙女』D.810
弦楽五重奏曲ハ長調 D.956
歌曲集『冬の旅』D.911

繊細さも臆病さも……人間的魅力に溢れた夭逝作曲家

唐突ですが、私は若い頃、風貌がシューベルトに似ていると言われていた時期がありました。

太めでメガネをかけていて、天然パーマの髪の毛が長く伸びていて……確かに肖像画と当時の写真を見比べてみると、よく似ています。そんな理由からではないのですが、シューベルトの音楽とは昔から縁がありました。

子どもの頃、家にあった電気蓄音機で聴いていた世界名作全集の中に入っていたのが**交響曲第7番の『未完成』**。ベートーヴェンの交響曲第5番『運命』（↓第

2章52ページ参照）、ドヴォルザークの交響曲第9番『新世界より』とともに、クラシック音楽における三大交響曲としてたたえられている曲です。シューベルトを主人公にした映画『未完成交響楽』（1933）を観た母がこの曲を気に入っていたこともあって、私も子どもの頃からよく聴きました。

ヴァイオリニストとしても、シューベルトの曲にはよく挑戦しましたし、また指揮者として、京都のアマチュアオーケストラでシューベルトの交響曲の全曲指揮に取り組んだこともありました。

こうしてシューベルトの音楽に向き合ってきて、優しさに満ち溢れた音楽性と同時に、彼の非常にナイーブな感性を感じ取れたように思います。

31歳という、モーツァルト以上に短い生涯を閉じた彼には、どこか非常に臆病で人間的な部分があったのでしょう。振り返ると常にそこに死神がいる……というような恐れと怯えが、どの曲からも感じられるのです。

この世代の作曲家には、常に見上げる存在として偉大なベートーヴェンがいました。シューベルトの作品づくりにも、やはりベートーヴェンを意識しての、ある種のコンプレックスのようなものを感じ取れるのですが、彼の場合はベートーヴェンのように強くあろうとして拳を振り上げながらも、目には涙が……というナイーブさが感じられる。そこが逆に、ベートーヴェンにはない人間的な魅力として親しみが持てるのです。

通称**『グレイト』の第8番**は、その名の通り非常に長大な作品で、当時発表された交響曲の中でも破格の長さでした。こんな長い曲を書いたから早死にしてしまったのではないかというくらい、ものすごいエネルギーを感じさせる曲です。

弦楽四重奏曲の『ロザムンデ』『死と乙女』は、ほぼ同時期に書かれた曲。『ロザムンデ』は同名の劇付随音楽（演劇のために書かれた音楽）と、『死と乙女』はシューベルトが数多く作曲した歌曲の中の同名作品と、同じ主題を扱っています。

弦楽五重奏曲はシューベルトが唯一作曲した弦楽五重奏曲で、ゆったりとした穏やかな曲調。『インド夜想曲』（１９８９）などの映画作品にもよく引用されています。

シューベルトといえばまず思い浮かぶのが『野ばら』や『ます』といった歌曲であるという人もいるでしょう。私は高校生の頃、和歌山大学の教授で声楽家だった水田勝巳《みずたかつみ》先生にソルフェージュとピアノを習っていたとき、シューベルトの**歌曲集『冬の旅』**全24曲を、ひと通りドイツ語で習ったことがあります。

辞書を引き引き歌詞のドイツ語の意味を調べたり、特有の発音の仕方を特訓されたりしたのですが、24曲もの連作を全曲通して学んだことは、曲だけでなく音楽家としてその作曲家の作品づくりのなんたるかを理解するという点で、得たものが大きかったように思います。

短い期間に集中して作曲し、命を燃焼させた、シューベルトの短くも充実した人生。数々の曲を通して体験させてもらった私にとっては、印象の強い作曲家です。

●フェリックス・メンデルスゾーン（1809〜1847）

〈おすすめしたい曲〉

ヴァイオリン協奏曲 ホ短調 Op.64

弦楽八重奏曲 変ホ長調 Op.20

モーツァルト以上の神童だった？ 早熟な作曲家

ヴァイオリンを学ぶ人間として、もっとも最初に出合う名曲のひとつが、メンデルスゾーンの**ヴァイオリン協奏曲**ではないかと思います。

私がはじめて弾いたのは、中学生の頃。テクニック的にも音楽的にも決して易しい曲ではありませんが、そのメロディーの美しさに打たれました。

ドイツのハンブルクに生まれたメンデルスゾーンが育ったのは、裕福な銀行家の家庭でした。文化的にも恵まれた環境で、少年時代に文豪ゲーテに会い、その詩に曲をつけるなどの交流を持っていたといいます。

音楽的にも英才教育を施された彼は非常に早熟で、代表曲のひとつである**弦楽八重奏曲**を書いたのは、何と弱冠16歳のとき。弦楽四重奏を2つ重ねた、つまりヴァイオリン4本とヴィオラ2本、チェロ2本という厚みのあるハーモニーはすばらしく、彼の神童ぶりが窺えます。

おそらく友人たちとの家族音楽会のような催しのために書かれたこの曲で、メンデルスゾーン自身もヴァイオリンを弾いたそうです。

主旋律を受け持つのはもちろん第1ヴァイオリンですが、私自身はこの曲の第4ヴァイオリンのパートがお気に入りです。

主旋律を弾く第1から第2、第3、第4になるにしたがって、低い音でベースやつなぎの部分を担当することが多くなるのですが、決して目立つ箇所ではないものの、第1楽章や第2楽章にほんのわずか、とても〝おいしい〟聴かせどころがあるのです。たぶん、メンデルスゾーン自身も第4ヴァイオリンを楽しんで受け持ったのではないかなと想像しています。

また、ゲーテとの交流をきっかけに、彼は当時復興の兆しがあったバッハの音楽を積極的に取り上げ、大作『マタイ受難曲』を復活上演するなど、バッハの再評価にも貢献しました。この早熟の天才が光を当てなければ、バッハの傑作声楽曲の多くが音楽史に埋もれていたままだったかもしれません。

メンデルスゾーン自身は残念ながら38歳の若さで亡くなってしまいましたが、短い生涯の間に、作曲の面でも音楽振興の面でも大きな貢献をしたといえます。

●ロベルト・シューマン（1810～1856）

〈おすすめしたい曲〉

ピアノ五重奏曲 変ホ長調 Op.44

ピアノ四重奏曲 変ホ長調 Op.47

ピアノ協奏曲 イ短調 Op.54

どんな楽器をも歌わせる、揺るぎない音楽性

ドイツ出身の音楽家が活躍する時代は続きます。交響曲から歌曲までさまざまな作品を手がけたシューマンは、法律を学んでいたり、文学的素養があったりと、多岐にわたる才能を持っていた人だといわれていますが、音楽的センスも抜群。たくさんの佳曲を残しました。

1842年に作曲された**ピアノ五重奏曲**（変ホ長調　作品44）、**ピアノ四重奏曲**（変ホ長調　作品47）は私がとくに好きな曲で、演奏機会の多い曲です。シューマンの曲を弾いていて感じるのは、たとえ楽器で演奏していても、その作品がまるで歌曲のようであること。旋律はヴァイオリンで弾いてもヴィオラで弾いても美しいし、また、クラリネットやホルンのような管楽器でも美しいのです。

ソロの楽器が何であっても揺るぎない魅力を感じさせるメロディーというものは、ほかの作曲家ではあまり感じたことのない個性。どの楽器も歌わせる、楽器の特性を超越した音楽的な魅力が、シューマンの作品にはあるのだと思います。また、一時期ピアニストを志していただけあって、ピアノのための曲を数多く書きました。私のお気に入りは、シューマンが生涯で唯一完成させた**ピアノ協奏曲　イ短調　作品54**です。

この曲の初演は1846年。ピアノのソロ演奏は、彼の妻であり当時最高のピアニストであったクララ・シューマンが担当しました。仲睦まじい夫婦であり、シューマンは彼女のために多くの曲を書いていますが、このピアノ協奏曲の冒頭の主題（中心となる旋律）には、実は秘密があります。

少し専門的な話になりますが、「ドレミファソラシ」という7つの音は、ドイツ語のアルファベットでは「CDEFGAH」で表されます。これに「ドーシーラララー」と流れるこの曲の主題を当てはめると「C―H―A―A―」という文字列が浮かび上がります。

この「CHAA」が、クララの愛称だった「Chiara」を連想させる……つまり、シューマンは彼女の名前を主題のメロディーの中に織り込んだ、ということなのです。

愛する人や作曲家自身の名前をメロディーの中に暗号のように刻印する、この「音名象徴」という手法は、ほかにも多くの作曲家がその作品で使っています。

実は私も、音名象徴を使った曲を書いたことがあります。シンガーソングライターであり、2020年、藝大の客員教授にお迎えしたさだまさしさん。彼をゲストに迎えて、藝大が誇るコンサートホールである奏楽堂でトーク&コンサートを行った際、私からさだまさしさんに献呈した楽曲『さだまさしの名によるワルツ』には、お名前の「SADA MASASHI」のアルファベットに相当する音名がメロディーの中に登場します。

このとき困ったのは、「MASASHI」の「M」。音階には「M」に当たる音が存在しないのです。そこで、Mを「ま」、つまり「間」と読み替えて休符を当てて乗り切り、なんとか曲を完成させることができました。

このように音名象徴は、作曲家が曲にメッセージを込めるためにも、また、ちょっとした遊び心の発揮にも使われます。

さだまさしの名によるワルツ

S-A-D-A-M-A-S-A-S-H

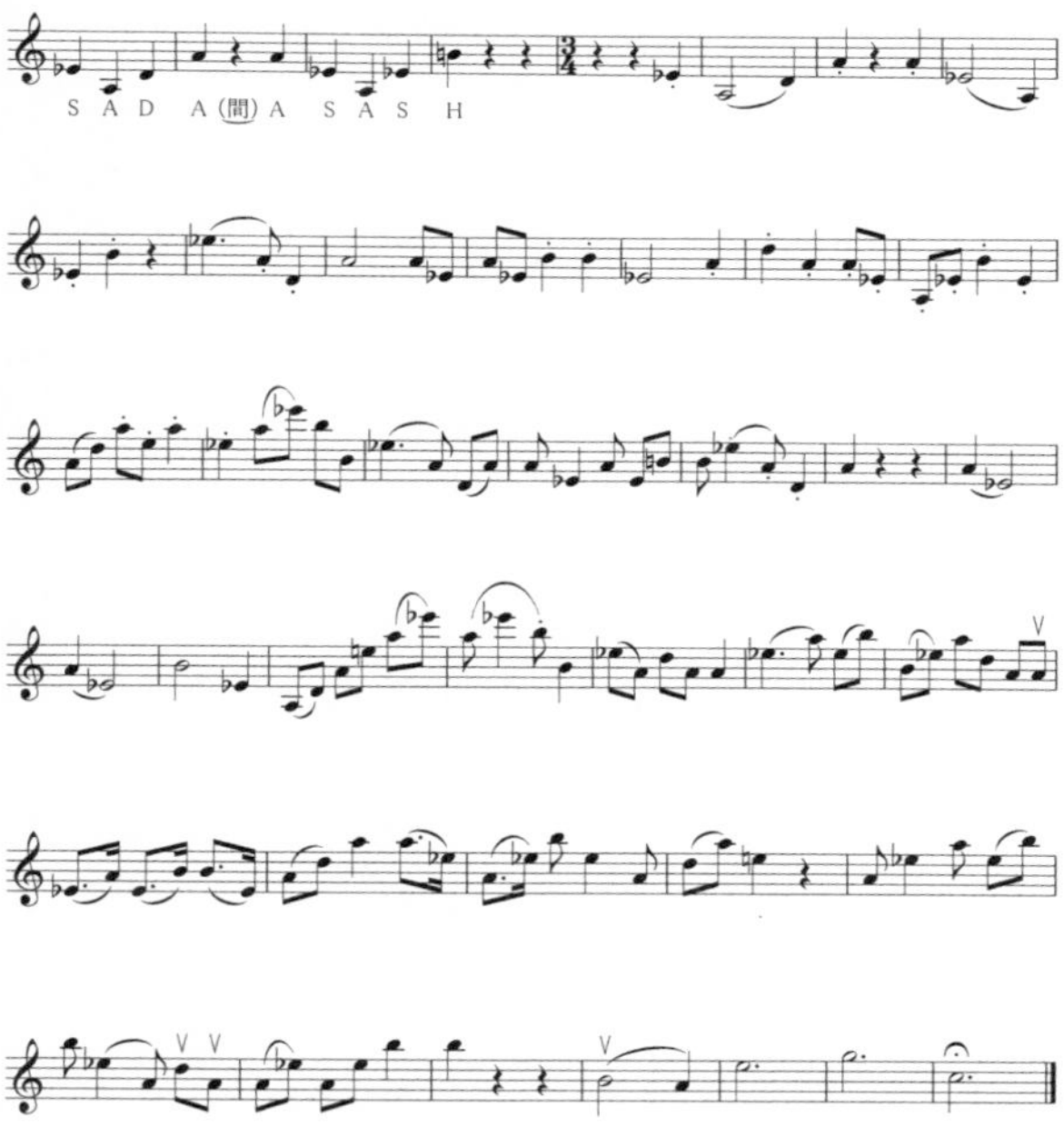

●ヨハネス・ブラームス（1833〜1897）

〈おすすめしたい曲〉

交響曲（第1番 ハ短調 Op.68・第2番 ニ長調 Op.73・第3番 ヘ長調 Op.90・第4番 ホ短調 Op.98）

ヴァイオリン協奏曲 ニ長調 Op.77

ヴァイオリンとチェロのための二重協奏曲 イ短調 Op.102

弦楽六重奏曲第1番 変ロ長調 Op.18・第2番 ト長調 Op.36

ピアノ五重奏曲 ヘ短調 Op.34

ピアノ四重奏曲第1番 ト短調 Op.25

ロマン派におけるドイツ古典派の継承者

続いて、バッハ、ベートーヴェンと並んでドイツが生んだ三大作曲家（三B）の一角に挙げられるのがブラームス。過去の偉大なふたりに肩を並べるその作品群は、ロマン派の時代にあってもひときわ古典的な風格をたたえています。

彼の作品でまずおすすめしたいのは、4曲ある**交響曲**。個人的に好きな第2番をはじめ、いずれも名曲ですが、注目したいのは4曲それぞれの楽曲の調性の主音です。ハ長調は「ド」、ニ長調は「レ」、ヘ長調は「ファ」、ホ短調は「ミ」となりますが、これらをつなげると「ドレファミ」となるのですが、それはモーツァルトが最後に書いた交響曲第41番、『ジュピター』の通称で親しまれる傑作の第4楽章の冒頭のメロディーと重なるのです。

偶然なのか、意識してそうなったのかはわかりませんが、ここにはブラームスの偉大な古典派の先人への尊敬の念が込められているという興味深い説があります。

友人との仲違い、恩師との関わり……名曲の陰にエピソードあり

同じような説があるのが、**ヴァイオリン協奏曲**。この曲の第1楽章のおしまいのあたりに、ベートーヴェンのヴァイオリン協奏曲の主題がこっそりしのばせてあるといわれています。ブラームスは、その作風からベートーヴェンの後継者との呼び声が高い人でしたから、先人のメロディーを暗号のように自分の曲の中に隠したのかもしれません。

ヴァイオリンとチェロのための二重協奏曲にも興味深いエピソードがあります。ブラームスは当時最高のヴァイオリニストであったヨーゼフ・ヨアヒムと友人関係にあり、若いころは頻繁に一緒に演奏旅行に出かけたり、先に挙げたヴァイオリン協奏曲の作曲にあたって演奏家としての助言を受けたりしていたのですが、一時期、仲違いをしていた時期がありました。その理由が、ヨアヒムの浮気を疑った彼の妻にブラームスが手紙を送って味方したことだったといわれています。

大音楽家同士にしてはあまりにも人間的ですが、そうしたことで断絶した関係を修復するために書いた曲だと伝えられているのです。

この曲の第1楽章には、ふたりが若い頃によく弾いたヴィオッティのヴァイオリン協奏曲イ短調の主題の断片が使われていて、それはあたかも「仲よくしていたあの頃を思い出してくれよ……」と言わんばかり。重厚な作品の中にも、どこか微笑ましさを感じさせます。

弦楽六重奏曲第1番、第2番は、私が澤クヮルテットを結成して間もないころ、歴史的名声を誇ったアマデウス弦楽四重奏団のメンバーと共演して多くのことを学んだ思い出深い曲です。

第1番の第2楽章は、ジャンヌ・モロー主演のフランス映画に使われたことで一時期、『恋人たち』という通称で有名になりました。また第2番には、ブラームスの当時の恋人だったアガーテという女性の名前が音名象徴（AGAHE）で使われたというエピソードも伝えられています。

ピアノ五重奏曲は、もとは弦楽四重奏に第2チェロを加えた弦楽五重奏曲として作曲したものを、ピアノ五重奏に置き換えたとされる曲。弦楽五重奏曲として試演された際、ピアニストのクララ・シューマンの提案でピアノ2台のソナタに変更され、最終的にはピアノ1台と弦楽四重奏による現在のかたちに決着したといわれています。

クララは、彼が作曲した**ピアノ四重奏曲第1番**の初演ピアニストでもありました。ブラームスとシューマン夫妻の関わりは深く、もともとブラームスが世に出るきっかけとなったのは、演奏に感銘を受けたシューマンが、そのことを巧みに文章に綴って発表したこと。さらに、シューマンが晩年に精神障害に陥った際、クララや家族を支えたのはブラームスで、一時期はクララとの恋愛関係も噂されたといいます。

クラシック音楽は一曲一曲を聴いてももちろんいいものですが、こうして作曲家の師弟関係などの縦のつながりや、交友関係に象徴される横のつながりを知って聴くと、またさまざまな印象が生まれて興味が刺激されます。

●アントニン・ドヴォルザーク（1841〜1904）

〈おすすめしたい曲〉

交響曲第8番 ト長調 Op.88

第9番 ホ短調 Op.95『新世界より』

弦楽四重奏曲 ヘ長調 Op.96『アメリカ』

ピアノ五重奏曲第2番 イ長調 Op.81

祖国のイメージを音楽に結実させたチェコの国民的作曲家

現在のチェコ西部のボヘミアに生まれたドヴォルザーク。彼の生きた時代のボヘミアは、ヨーロッパに巻き起こったナショナリズムの影響を受けてチェコ独立運動が起こるなど、民族主義の興隆の真っ只中にありました。

そうした中で、音楽家たちも自らのルーツである民俗音楽に自然と目を向け、創作を行うようになりました。

チェコ出身の著名な作曲家としては、有名な『モルダウ』を含む交響詩『わが祖国』などで知られるベドルジハ・スメタナが時代的には先行しますが、ドヴォルザークは民俗音楽の要素を西洋音楽と融合させ、さらなる高みを目指して数々の大曲を発表、国民的音楽家として尊敬されました。

交響曲第8番は、明るく輝かしい旋律が連なる雄大な曲。イギリスの音楽出版社から楽譜が発表されたことで、長く『イギリス』という通称で呼ばれてきましたが、イギリス的なものとは何の関係もないことは第2章（↓59ページ参照）で述べたとおりです。

第9番も、**『新世界より』**という通称が有名。ドヴォルザークは19世紀の終わり頃、アメリカ・ニューヨークのナショナル音楽院に招かれ院長の職に就いていたのですが、その際、黒人霊歌などさまざまな新しい音楽に触れたことで創造力を掻き立てられ、傑作を多数書きました。

『新世界より』は、その代表作と呼べるでしょう。ベートーヴェンの交響曲第5番『運命』（↓第2章52ページ参照）、シューベルトの交響曲第7番『未完成』（↓89ページ参照）と並んで三大交響曲の1曲に数えられているとおり、スケールの大きな世界観で聴く者を魅了します。

弦楽四重奏曲『アメリカ』のイントロを聴けば、「ああ、知ってる」と思われる方は多いのではないでしょうか。ドヴォルザークがアメリカのチェコ移民たちが暮らしていた田舎町に滞在して書いたというこの曲は、森や田舎の風景を思い起こさせる旋律に、小川の流れや小鳥のさえずりのようなフレーズが快く重ねられていきます。

故郷を離れ遠いアメリカでチェコとは違った民族性に触れる中で、あらためて音楽家として自分のルーツとなる音について想像を巡らせたのではないでしょうか。第2楽章には黒人霊歌風の旋律とボヘミアの民俗音楽の要素が効果的に取り入れられています。

『アメリカ』はヴィオラの印象的な独奏で始まりますが、これにはドヴォルザーク自身がヴィオラの名手であったことも影響していると思われます。**ピアノ五重奏曲第2番**の第2楽章にも、やはりヴィオラの聴かせどころがあります。

●ピョートル・チャイコフスキー（1840〜1893）

〈おすすめしたい曲〉

ヴァイオリン協奏曲 ニ長調 Op.35

弦楽セレナーデ ハ長調 Op.48

交響曲第4番 ヘ短調 Op.36

第5番 ホ短調 Op.64
第6番 ロ短調 Op.74『悲愴』

バレエ『白鳥の湖』Op.20
『くるみ割り人形』Op.71

ピアノ協奏曲第1番 変ロ短調 Op.23

苦悩から華麗な旋律を紡いだロシアの巨星

続いて、ロシアを代表するチャイコフスキー。交響曲に室内楽といった既存の器楽曲に加えて、近代のバレエ音楽を音楽芸術の一ジャンルとして確立させるなど、音楽界に革命の新風を吹き込んだ偉大な作曲家です。

その華麗な作風に私がはじめて触れたのは、**ヴァイオリン協奏曲**でした。

私が若い頃は、ヴァイオリン協奏曲の名作を収めたＬＰレコード盤といえば、メンデルスゾーン（↓93ページ参照）とチャイコフスキーがA面B面にカップリングされたものが定番でした。世にいう三大ヴァイオリン協奏曲はベートーヴェン、メンデルスゾーン、ブラームスを指すようですが、もう一曲挙げるならチャイコフスキーのこの曲だと思います。

のどかな田園風景に、しだいに暗雲が立ち込め、そこに悪魔が登場するような……というドラマチックなイントロは、彼が得意としたバレエ音楽に通じるものです。

弦楽セレナーデも、チャイコフスキーのドラマ性が活かされた名曲です。ところが日本では、人材派遣会社のテレビコマーシャルに使用されたことで、どちらかというとコミカル、かつシニカルな印象がついてしまいました。モーツァルト最晩年の名曲であるクラリネット五重奏曲へのオマージュを込めた第4楽章（通称『ロシアの主題によるフィナーレ』）などの、格調高くすばらしい音の連なりを、ぜひ先入観なしで聴いていただきたいと思います。

交響曲では、後期の三大交響曲（クラシック音楽に限らず、日本人って本当に「三大」が好きですよね！）と呼ばれる第4番から第6番を。輝かしいファンファーレで始まる壮麗な**第4番と対照的に、第5番や『悲愴』**という通称で知られる**第6番**は陰鬱で重々しい調べが特徴です。

チャイコフスキーは同性愛者であり、また重いうつ病を患っていたと伝えられます。華麗な作風の一方、その作品にはどこかマイノリティーとしての、また精神不安に怯える者としての暗さがあり、そこがまた豊かな陰影と美とを作品にもたらしているようにも思われます。

作曲家の個人史をたどると、身体的、精神的に問題を抱えていた人がいかに多かったことかとあらためて思いますが、やはり物事を深刻に捉えて突き詰めるような人間でないと、歴史に残る傑作は生み出せないものなのかもしれません。

クラシック音楽界随一のヒットメーカー

もうひとつ、チャイコフスキーを語るときに欠かせないのが、すばらしいバレエ音楽。私がおすすめする**『白鳥の湖』『くるみ割り人形』**に『眠れる森の美女』を加えた3曲が、三大バレエとして有名です。

今ではバレエの代名詞といってもいい定番演目の『白鳥の湖』が初演されたのは、1877年。しかし、チャイコフスキーにとっても初のバレエ作品となったこの上演は、観客からの評判が芳しくなく、興行的にはあまり成功しなかったと伝えられています。

現在上演されているものは、舞踊にも台本にも音楽にも改訂を加えて作曲者の死後に再演された1895年の再演版がもとで、これによって『白鳥の湖』は歴史の闇に葬られずに済みました。名作も最初から名作として迎えられるわけではないということの一例だと思います。

『くるみ割り人形』もまた何度かの改訂を重ねて現在に至る作品で、クリスマス時期の上演はすっかり恒例となりました。

ところで、チャイコフスキーの音楽としてもっとも成功を収めた作品は何か？判断基準が難しいところですが、アメリカの音楽業界誌のビルボードのヒットチャートランキングで第1位を獲得したクラシック音楽曲は過去に1曲だけあります。1958年、アメリカ人にとって当時最大のライバル国であったソヴィエト連邦で行われたチャイコフスキー国際コンクールで優勝し国民的英雄となったピアニスト、ヴァン・クライバーンがソリストを務めて演奏されたチャイコフスキーの**ピアノ協奏曲第1番**のレコードなのです。

2021年のオリンピック・パラリンピック東京大会では、組織的なドーピング問題で国としての参加が認められず、ロシアオリンピック（パラリンピック）委員会がロシア国歌の代わりに表彰式で流したのもこの曲の冒頭部分でした。

しかしこの名曲も、作曲当初に献呈しようとしていた巨匠ピアニスト、ニコライ・ルービンシュタインからは初演の依頼を断られたとか。傑作は傑作として、クラシックはクラシックとして誕生するわけではないということがよくわかる逸話です。

●セザール・フランク（1822～1890）

〈おすすめしたい曲〉

ヴァイオリンとピアノのためのソナタ イ長調

ロマン派はドイツだけではない——麗しいフランスのハーモニー

ドイツ、ロシアときて、ほかのヨーロッパ諸国のロマン派の流れを追っていくと、フランスではセザール・フランクの作品が浮かびます。

クラシック音楽を普段あまり聴かない人にはそれほど知られていないかもしれませんが、ベルギーに生まれフランスで活躍したオルガン奏者であり作曲家のフランクには、交響曲をはじめ数多くの作品があります。

代表曲といえるのが、**ヴァイオリンとピアノのためのソナタ**。穏やかに始まる第1楽章から徐々に起伏の激しさを表し、ドラマチックな展開を見せる、ロマン派らしい一曲です。

同郷ベルギーの後輩にあたる名ヴァイオリニスト、ウジェーヌ・イザイ（1858～1931）の結婚祝いに献呈された30分近い大曲で、リサイタルのメインとして十分な、聴かせどころを持った曲。万華鏡のようにハーモニーが変化してゆく転調の美しさは格別です。フルートやチェロ、その他のさまざまな楽器でも演奏される人気曲です。

●ジョルジュ・ビゼー（1838〜1875）

〈おすすめしたい曲〉

オペラ『カルメン』

『アルルの女』

交響曲ハ長調

ドラマチックに物語を彩ったオペラの巨匠

フランス生まれの作曲家といえば、忘れてはならないのがビゼー。オペラやオペラ・コミック（18世紀以来のセリフと音楽からなるオペラのことで、必ずしも喜劇を指すものではない）をはじめ、劇音楽の分野でいくつもの傑作を残しました。

オペラの代表作といえば、やはり**『カルメン』**。ジプシーの美女カルメンに翻弄される男たちの波乱の人間模様を華やかに彩る楽曲で、アップテンポで高揚感あふれる序曲、カルメンのアリア（独唱）『ハバネラ』など、一度聴いたら虜になるに違いありません。

やはり美しい女性が人々の運命を狂わせる**『アルルの女』**は、演劇のために書かれた劇音楽。私は小学校の頃、相愛ジュニアオーケストラで何度か演奏したことがあり、劇の内容はともかく小さい頃から親しんできた曲です。

オペラや劇音楽には、本来の劇と一緒に聴く以外に、オーケストラのみの演奏会用に編纂された組曲があり、コンサートやCDなどの音源で楽しむこともできます。私も、実は『アルルの女』は、まだオペラとしては観たことがありません。でも、歌劇にも組曲の演奏にもそれぞれのよさがあるので、気に入ったら両方楽しんでみるのがよいと思います。

ビゼーではこのほか、**交響曲ハ長調**という交響曲が気に入っています。彼がまだかなり若い頃に書いた作品で、生前には一度も演奏されなかったということですが、ドラマチックな作風がすでに芽生えていることが感じられる曲です。

●クロード・ドビュッシー（1862〜1918）

〈おすすめしたい曲〉

弦楽四重奏曲 ト短調

交響詩『海』（管楽器のための3つの交響的素描）

『映像』（ピアノ曲・管弦楽曲）

音の印象派は現代人向けの癒し系？

ドビュッシーもまた、フランスが生んだ大作曲家。オーケストラ作品からピアノ曲、声楽曲まで幅広く作品を残していますが、私にとっては16歳で弦楽四重奏のすばらしさにはじめて気付かされたのが、このドビュッシーの**弦楽四重奏曲**。とりわけ第3楽章の美しさには涙が止まらないほどの感動を覚えました。

新鮮な響きを持った旋律が次々と現れるこの曲は、ウィーン古典派のハイドン、モーツァルト、ベートーヴェン、それに続くロマン派のシューベルト、ブラームス、シューマン、ドヴォルザークに比べても決して劣らないもの。繰り返し演奏しても魅力の衰えない名曲だと思います。

ドビュッシーの管弦楽の扱いの見事さが感じられるのが、**交響詩『海』**。第1楽章「海上の夜明けから真昼まで」、第2楽章「波の戯れ」、第3楽章「風と海との対話」と、作曲者自身による副題がつけられています。

またの名を「管弦楽のための3つの交響的素描」といい、その中の「素描」という文字にも由来するように、絵画史でいうところの印象派の時代を生きたドビュッシーは、絵画や文学からも多くの影響を受けた作曲家だといわれています。

さまざまな楽器の音を操り、自然の風景を活写した傑作として、『海』は新鮮な驚きをもって世に迎えられました。

ちなみに、出版された『海』の楽譜の表紙には、葛飾北斎《かつしかほくさい》の『富嶽《ふがく》三十六景』の中の一作である「神奈川沖波裏《かながわおきなみうら》」が掲載されており、ドビュッシーが当時フランスで人気を集めた日本の浮世絵からも強い影響を受けていたことがうかがえます。

『映像』は、ピアノ曲として書かれた6曲と、管弦楽用に書かれた3曲からなるユニークな形式の作品。水面が揺れ、光がきらめくような映像がまぶたに浮かぶ美しい曲で、まさに音の印象派としての表現力を存分に発揮しています。

ドビュッシーといえば、『亜麻色《あまいろ》の髪の乙女』『月の光』『夢』などのピアノ曲が好きという人も多いでしょう。

さざ波のようなメロディーは、難しいことを考えなくてもスッと心になじみ、疲れた現代人の心を優しく包む心地よい音楽の代表格として人気を集めています。瞑想にいい、リラックスできる音楽といわれるのも納得です。

●モーリス・ラヴェル（1875～1937）

〈おすすめしたい曲〉

『ダフニスとクロエ』

弦楽四重奏曲

左手のためのピアノ協奏曲

ピアノ協奏曲　ト長調

緻密さと情熱が同居する色彩豊かな曲の数々

ドビュッシーと並んで、近代フランス音楽における代表的存在なのがラヴェル。前衛的なバレエ音楽『ボレロ』、ピアノや管弦楽団で演奏される『亡き王女のためのパヴァーヌ』が有名ですが、ほかにも名曲がたくさんあります。

バレエ音楽として書かれた**『ダフニスとクロエ』**は、合唱も加わる多彩で官能的な響きが特徴。私が演奏したのは組曲のほうで、難解な曲ですが、響きの美しさに魅了されました。

弦楽四重奏曲は彼のキャリアの初期、まだ20代半ばの頃にドビュッシーの弦楽四重奏曲（↓120ページ参照）に影響を受けて書かれた作品ですが、すでにすばらしく完成されています。

ラヴェルは父がスイス人、母がスペインとフランスの国境をまたぐバスク地方の出身ですが、時計職人のような緻密さとラテンの情熱が同居したような気風が、作品に宿っているように思われます。

第一次世界大戦で負傷し右手を失ったピアニストの依頼を受けて作曲したのが、**左手のためのピアノ協奏曲**。ピアノ奏者は実際に左手のみで演奏しますが、音の少なさを感じさせない、複雑で重厚な作品です。

戦争だけでなく、病気や事故で障害を負った人のための作品は20世紀に入ってからも作られていて、最近では日本生まれのピアニスト・舘野泉《たてのいずみ》さんが、脳溢血から復帰後にこうした作品を演奏するリサイタルを開き、話題を呼びました。

最晩年に作曲した**ピアノ協奏曲 ト長調**は一転、軽やかで明るい曲調で、天才の人生を締めくくるにふさわしい美しく華麗な作品。ジャズのような現代的な要素も入っているのですが、私には第3楽章に現れる独特のリズムが、どうしても伊福部昭《いふくべあきら》氏作曲の『ゴジラのテーマ』に聞こえるような気がしてならないのですが……。気になった方は、どうか一度聴いてみてください。

●セルゲイ・ラフマニノフ（1873〜1943）

〈おすすめしたい曲〉

ピアノ協奏曲第2番 ハ短調 Op.18

第3番 ニ短調 Op.30

クラシック好きなら、はまらずにはいられない後期ロマン派の代表

いよいよロマン派も後期のクライマックスに差し掛かります。

帝国末期のロシアに生まれ育ったピアニストにして作曲家のラフマニノフは、後期ロマン派から近代音楽へ移り変わる時代を代表する音楽家です。そのロマンチックな作風に、クラシック音楽を聴き始めた人なら、必ず一度ははまるのではないでしょうか。

もちろん、私もそのひとり。藝大に限らず、音楽大学に入るためには、たとえどんな楽器や科を専攻するにもピアノの練習が必須なので、私も小学校2年くらいから習いはじめて懸命に練習しましたが、その過程で出合ったラフマニノフの**ピアノ協奏曲**には本当に夢中になりました。

とくに**第2番**第1楽章の第2主題のあたりは繰り返し弾きながら、陶酔しそうになったものです。ラフマニノフは身長2メートル近い大柄な人物だったそうで、

手も非常に大きく、この曲では1オクターヴを超える鍵盤を同時に叩かなければならないので、手の小さい方だとなかなか届かないという難しさもあります。

抒情的で扇情的なフレーズは、映画などにもよく引用されるのですが、有名なところでは、ソチ冬季オリンピックのフィギュアスケートに出場した浅田真央《あさだまお》さんが、第1楽章をダイジェストした曲で演技して歴史的な大逆転劇を起こしました。

ピアノの旋律だけでなく、オーケストラで演奏しても非常に盛り上がる曲。私も四国フィルハーモニー管弦楽団にピアニスト・辻井伸行《つじいのぶゆき》さんをソリストとして迎え、この曲の指揮をさせていただきました。それはそれはすばらしい演奏になりました。

この曲は、ラフマニノフ自身がたいへんな心理的スランプに陥った時期に書かれたといわれています。曲が書けず、演奏活動もままならなかった時期に、催眠療法を受けてそれが功を奏したとのこと。人生最大の危機を乗り切って生まれた曲が代表作になったわけですから、名曲は、その成り立ちからしてすでにドラマチックだったのです。

第3番も、私の好きな曲のひとつ。ラフマニノフは同じロシア出身のチャイコフスキーを崇拝していたといいますが、この曲の華麗さはまさにそれを受け継いでいるように感じます。

超絶技巧を必要とされる曲ですが、やはりロシア出身の20世紀を代表するピアニスト、ウラディミール・ホロヴィッツ（1903〜1989）による名演が有名で、音源が今も残っています。

●イーゴリ・ストラヴィンスキー（1882〜1971）

〈おすすめしたい曲〉

バレエ『火の鳥』

『春の祭典』

じっとしていられなくなる？　前衛的でマジカルな奇才の音楽

ストラヴィンスキーは、日本の元号でいうと明治15年（1882）生まれ。昭和46年（1971）まで存命で、来日してNHK交響楽団を指揮したこともあったようですから、クラシック音楽の作曲家といっても、ほぼ現代人といっていいほど近い存在です。

作曲家としての作品で有名なのは、なんといってもバレエ音楽。ロシアの民話をもとに創作された**『火の鳥』**は、華麗で荘厳な響きが魅力です。

また**『春の祭典』**は天才ダンサー、ヴァーツラフ・ニジンスキー（1890～1950）が振り付けたバレエ自体が非常に斬新なものであったことから、初演で観客が暴動を起こし、怪我人が出るほどのスキャンダラスなものだったそうですが、ストラヴィンスキーの前衛的な曲は人々の印象に強く残り、徐々に受け入れられはじめました。

『春の祭典』に込められた暴力的なまでのリズム感と不協和音による斬新さがもっとも注目されたのは、ディズニーのアニメーション映画『ファンタジア』（1940）での引用ではないでしょうか。

生命誕生の歴史を辿る場面で印象的に流れるその音楽は、たしかに前衛的で難解ですが、色彩的な豊かさに加え、その独特なリズムには、じっとしていられなくなるような衝動を覚えます。『火の鳥』も『春の祭典』も、今では演奏会でもたびたび演奏されるオーケストラの重要なレパートリーになっています。

●セルゲイ・プロコフィエフ（1891〜1953）

〈おすすめしたい曲〉

交響曲第5番 変ロ長調 Op.100

バレエ『シンデレラ』Op.87

技巧からあふれる濃厚な情熱と気品が魅力

言葉の響きから感じる、暗いけれども情熱的で濃厚な雰囲気と、帝国らしい品のよさ――ロシア出身の作曲家の作品からは、そうしたものを感じます。

20世紀前半を彩ったプロコフィエフの名曲も、まさにそんな印象。**交響曲第5番**は、私が1978年にはじめてイギリスに行って国際青少年音楽祭に参加し、インターナショナル・ユースオーケストラのコンサートマスターとして演奏した思い出深い曲です。

第二次世界大戦でドイツ軍が当時のソヴィエト連邦に侵攻し、それに衝撃と悲憤を感じたプロコフィエフが一気に書き上げた曲だといわれていますが、激情そのものがひしひしと伝わる迫力ある曲は、彼の代表作になりました。

プロコフィエフはバレエやオペラでもいい仕事をしていますが、その中でおすすめなのは**『シンデレラ』**。自分でもバレエ団の公演に合わせて演奏をしたことのある曲ですが、シンデレラや王子といった善なるキャラクターだけでなく、意地悪な継母や姉たちなどキャラクターの性格づけが多彩で、その心理表現や情景描写が音楽で見事に表現されています。

以上、ざっと駆け足で紹介しましたが、いかがだったでしょうか？

興味を持っていただいた曲は、ぜひ聴いていただきたいのですが、クラシック音楽の魅力が発揮される場所は、なんといっても生の音楽会。次の章では、その音楽会がどんなふうに行われているか、どうやって参加したらいいかについてお伝えしたいと思います。

第5章　演奏会に行ってみよう

クラシック音楽のすばらしさは、レコードやCDなどの音源で聴いても、もちろんいいものです。

しかし、クラシック音楽を聴くなら、ぜひ一度はホールにお越しいただき、演奏会の場で生で聴いていただきたい……というのが、私たち音楽家の切なる願いです。

ということで、ここからは、クラシック音楽の演奏会に行くための簡単なガイダンスをしたいと思います。

どうやって選ぶ？　演目、形式、楽団、演奏者……お気に召すまま

クラシック音楽の演奏会は、管弦楽団（オーケストラ）が演奏する大規模なコンサートから、ひとりの音楽家による独奏会（リサイタル）まで、また日本や海外の有名な交響楽団から学生の発表会まで、ほぼ毎日、全国のどこかのホールで

開催されています。

2020年の春以降は、新型コロナウィルス感染症の拡大により、海外のアーティストや楽団の来日公演がなくなったり、国内でも数々の演奏会が中止になったりして数は少なくなりましたが、それでも多くの音楽家の仲間たちと主催者、ホールの関係者やスタッフがそれぞれ工夫と対策をしながら、音楽会の灯を絶やさないよう努力を続けています。

ですので、「クラシック 演奏会」とパソコンやスマホで検索すれば、いくつもの演奏会のリストが表示されることでしょう。その中から、あなたが「これはおもしろそうだな」と思うものを、気の向くままに選べばいいのです。

たとえば、演奏会のチケットを取り扱っているプレイガイド（チケットぴあ、ローソンチケット、イープラスなど）のウェブサイトを見ると、コンサートの日時やホール、開演時間とともに、演奏者、管弦楽団の場合は指揮者の名前やプロフィール、その日演奏される曲目などが一覧で表示されます。

そのデータから、「近くでこんなコンサートがあるようだ」「この演奏者の名前は聞いたことがある」「テレビで観たことのある楽団だ」「この曲は好きだな」と思う項目に飛んで、あとはご予定との相談です。プレイガイドのウェブサイトの場合は、そのままチケットの購入も画面上でできます。

もちろん、人気の楽団や演奏者、人気のある曲目の場合は、発売と同時にチケットが売り切れになっていることもあります。そうした演奏会に行くためには、前もって情報を入手する、チケットの先行発売を申し込むなどの手順が必要になります。

演奏会の種類―大ホールでオーケストラを、小ホールでリサイタルを

ここで、クラシック音楽の種類について、おさらいしておきましょう。

オーケストラが演奏するのは、交響曲などの管弦楽曲、ピアノやヴァイオリン

クラシック音楽ミニ知識・オーケストラで女性は活躍している？

舞台にずらりと揃った管弦楽団の面々を見ると、「けっこう女性が多いんだな」と思った方もいらっしゃるのではないでしょうか。

かつては、日本のオーケストラにも男性しか入団が許されない楽団も存在しましたが、今は多くのすぐれた女性演奏家が団員として活躍しています。

とくにヴァイオリン、ヴィオラなどの弦楽器に多く、楽団によっては半数以上が女性という場合も。世界的にも女性の演奏家の数は増えています。

保守的なことで知られるウィーン・フィルハーモニー管楽楽団は、創立から150年以上は男性のみの採用で、その基準にも厳格な規定がありましたが、今は女性の団員も増え、2022年現在のコンサートマスターのひとりは女性。他のパートも、世界のオーケストラに比べれば少ないですが、それでも数は増加しています。

唯一少ないのは、女性指揮者でしょうか。オーケストラ全体を統括する役目でもある指揮者は、長く男性主体で、なかなか女性が入り込む余地がありませんでした。

しかしその状況も変わりつつあるようです。女性が指揮台に上がる機会は増えましたし、若い世代の女性指揮者が国際的なコンクールで優勝するなど、活躍の場は広がりつつあります（↓第6章192ページ参照）。

ダイバーシティ（人種、宗教、年齢、性別や価値観を問わない多様性）が尊重される現代。性別や国籍などを問わず、実力のある音楽家、演奏家がどんどん前に出ていく時代が、今後はますます当たり前になっていきます。若い演奏家にはとくに、臆せず挑戦してもらいたいと思っています。

演奏会の会場で③　マナーは一緒に楽しむためのルール。堅苦しく考えないで

演奏が始まれば、あとは観客と演奏者たちだけの時間と空間。流れる音楽と空気にゆったりと身を任せ、思う存分、曲の世界に浸ってください。

ただし、その空間はあなたひとりの空間ではなく、大勢の観客と共有するもの。携帯の電源はオフにする、音の鳴るアラーム時計や画面が光るようなものは鳴らない、光らない設定にしておく、おしゃべりや飲食をしない、前のめりになったり体を揺すったりなど、周囲の人の視界や注意をさまたげることはしない……。こうした最低限のマナーだけ守れば、そう堅苦しく考えることはありません。

咳やくしゃみは生理的な現象なので、いたしかたない部分もあります。が、現在のように感染症蔓延が懸念される時期だと、やはり気になりますよね。くれぐれも体調優先で、無理をせずお出かけください。

音に身を任せるあまり、眠くなってしまったらどうしよう……と心配される方も多くいらっしゃいます。これも、あまり気にしなくてよいと思います。

演奏家としても、ああ、演奏が心地よくて眠ってしまわれたんだなと思えば、静かにしていらっしゃるぶんには何の問題もありません。あまり大きく舟を漕がれたり、盛大にイビキをかかれたりすると、さすがにちょっと困りますが……。

実際、私も演奏会に行って、目を閉じて音に聴き入ったつもりがついウトウトと夢の世界に引き込まれ、拍手で目覚める、ということがよくあります。それはそれで、リラックスして楽しめたということだと思っています。

観客の様子で印象に残っていることとしては、弦楽四重奏の演奏会のときでしたが、最前列付近でスコア（楽譜）を開いて、それを見ながら聴いているお客さまがいらっしゃったときは、間違いを指摘されそうだな……と、やや緊張しました。

また、音楽のリズムをとってなんとなく体を揺らしている方の、その揺れが音楽と微妙にズレていたりするのも、ちょっと気になりましたが、まあ、これも演奏家にとっては修行のうち……でしょうか。

演奏会の会場で④　感動は素直に拍手で伝えよう

演奏が終わったら、その感動を、ぜひ演奏者に拍手で伝えてください。

拍手にはほどよいタイミングがあって、最後の音が終わって指揮者が指揮棒を降ろし、観客の緊張が解けてひと呼吸、余韻を味わったあとくらいがよいと思います。

感動のあまり、まだ最後の音が鳴っていてそれが響ききらないうちにいち早く拍手を始めると、いわゆる「フライング」になってしまい、せっかく演奏によって作られた世界を壊すことになって残念です。

クラシック音楽を生で聴く、その醍醐味は、演奏者の息遣いに触れるような繊細なところにあるので、それを尊重しつつ楽しむための配慮が必要です。慣れないうちは難しいかもしれませんが、周りの呼吸に合わせるようにするとうまくいくでしょう。

また、交響曲のように複数の楽章からなる曲の場合は、楽章間での拍手はしないのが通例です。

楽章ごとに拍手をするのは、たとえるならばフランス料理のフルコースでスープが出たらお金を払い、魚料理が出たらお金を払い、肉料理が出たらまたお金を払う……というようなもの。お支払いは、最後のデザートまでゆっくり味わってからでよいのです。

いまは感染症対策のため禁止されていますが、「ブラーヴォ！　と掛け声をしたほうがいいですか？」ということも、よく訊かれます。

「ブラーヴォ（Bravo）」は「すばらしい」「よくやった」という、賞賛や感嘆を示すイタリア語。たしかに、いいタイミングでこの声をかけられると、演奏家はとても感激し、モチベーションが上がります。

しかし、これはタイミングの問題もあって、初心者にはなかなかハードルが高いかもしれません。歌舞伎の「大向う（芝居通）からの掛け声」が難しいのと同じです。

また、演奏者が女性の場合は「ブラーヴァ（Brava）」、演奏者が複数の場合は「ブラーヴィ（Bravi）」など、厳密にいえばいろいろと決まりがあるので、まあ、これは慣れた人に任せておくのが無難かもしれません。

立ち上がっての拍手、スタンディングオベーションも、感激のほどを伝えるという意味では有効で、演奏者としてもとてもうれしいものです。

これも周囲との呼吸が合うとき、合わないときがあり、私も何度かひとりで立ってしまったことがありました。が、このあたりも回数を重ねていけば、自然とタイミングをつかめるようになると思います。

観客の感激の表現の仕方については、お国柄もあるようです。アメリカで行われる演奏会では、観客はすぐ立ってスタンディングオベーションをしていましたし、喝采の送り方も実に直情的でした。

ミスがあったり失敗したりしたときの対応も、さまざまです。

スイスのジュネーヴで、ある有名な管弦楽団の演奏会を聴いていたとき、ホルン奏者がソロの大事なところで演奏をトチってしまいました。すると、現地の観客たちがどっと笑ったのです。日本ではそういうことはまずなくて、むしろ凍りつくような状況になると思うのですが……。それによって演奏家たちもリラックスして雰囲気が和み、演奏会は盛り上がって終了しました。わが街のオーケストラに対する愛情を感じた瞬間で、こういうふうだとありがたいなと感じたのを記憶しています。

いずれにしても、生の演奏会は一期一会。演奏会を作るのは、決して演奏者や制作側のスタッフたちだけではなく、その日、ホールに足を運んだ観客とともに協力して作り上げ、完成させるものです。

いうなれば、あなたも演奏会メンバーのひとり。よりよい音楽会をともに楽しめるよう参加していただけたらと思います。

クラシック音楽ミニ知識・名演奏の裏に「名器」あり

オーケストラの演奏会に行って、楽器が目に留まる……ということはなかなかないかもしれませんが、楽器は演奏家にとって大事なパートナーとも呼べる存在。名器と呼ばれるすばらしい楽器を手にすることは、やはり演奏家にとっての夢であり、相性のいい楽器と出合うことは、よい演奏をするうえでとても大切なことです。

ヴァイオリンは、その究極かもしれません。

「ストラディヴァリウス」という名前を聞いたことはありませんか？　17世紀から18世紀、ちょうどバッハやヴィヴァルディが活躍した時代に、イタリアの楽器職人、アントニオ・ストラディヴァリが作った弦楽器のことです。

ヴァイオリンをまず思い浮かべる方が多いと思いますが、ヴィオラやチェロ、マンドリンやギターなどもあります。

世界にはおよそ600のストラディヴァリウスのヴァイオリンが現存するといわ

れていますが、その音色のすばらしさと希少性から、国宝級の貴重品とされています。たまにオークションに出ると、数億から十数億円もの値がつくほどです。

あまりに貴重すぎて投機の対象にすらなる、そんな楽器をどうやって演奏家は買うのだろう？　と不思議に思われるかもしれませんが、実は、企業や公益団体が所有している楽器を演奏家に貸し出しているケースもあり、必ずしも個人で所有しているとは限らないのです。

私も、すばらしいヴァイオリンとの出合いで人生が変わったひとりです。私の愛器はグヮルネリ・デル・ジェスの「アークライト」と名付けられたヴァイオリン。世界に120ほどしかないといわれている世界的な名器です。

作られたのは1732年。同じ年に、アメリカ合衆国初代大統領のジョージ・ワシントンや作曲家のハイドンが生まれています。

このヴァイオリンとの出合いは1978年、国際青少年音楽祭に参加するために訪れていたロンドンでのことでした。自分の楽器を修理してもらおうと訪れた楽器店で手にしたこのヴァイオリンに、私はすっかり魅了されてしまいました。

当時はまだ大学院生の身分。しかし、どうしてもその音色が忘れられず、地元和歌山の出身高校の先輩である支援者の方に相談したところ、その方が何人かに声をかけ、共同で銀行からお金を借りて楽器を購入し、私に貸与してくださったのです。

この名器は、すばらしい音色だけでなく、私に人生の転機をもたらしました。第3章で少し述べましたが（↓76ページ参照）、私のイギリス留学のきっかけとなったハンガリーのヴァイオリニスト、ジェルジ・パウク氏との出合いは、彼のストラディヴァリウスと私のグヮルネリを弾き比べてみようという声掛けから実現したのです。

この楽器に出合わなければ、現在の私はなかったと思います。人生を変えるほどの――真の名器には、そんな魔力が潜んでいるかもしれません。

愛器、グヮルネリ・デル・ジェスの「アークライト」

応用編① 演奏者を見る、音を堪能する……目的別に席を取る

一度演奏会を体験し、生の音楽を聴く楽しみを実感すると、「次は何を聴こうかな」と思うことでしょう。その際に、知っておくとさらに楽しめる、ささやかなアイデアを紹介します。

コンサートや舞台を観るとき、皆さんはどんな席を選びますか？

最前列でアーティストのオーラを思う存分浴びたい！　と思う方、2階席から全体を見渡したい方など、その思いはさまざまだと思います。

では、クラシック音楽の演奏会の場合はどうかというと、最前列が必ずしもいいとは限らないというのが実状です。ホールにもよりますが、中央か、それより後方のほうが音の響きがいいところが多いように思います。

特殊な例では、ピアニストのリサイタルの場合は、ステージに向かって左側、下手からチケットが売れていきます。

これは、ピアノがステージと平行に置かれ、ピアニストが下手を背にして座るので、ピアニストが演奏するその手元や指の動きが下手側の方が見えやすいということが理由です。

超絶技巧で難曲を弾きこなすピアニストの指の動きを間近で見たいという人にとってはいい席だと思いますが、実は、音自体は向かって右側の上手側のほうがいいと言われています。これは、グランドピアノの「大屋根」と呼ばれる上蓋が右側に向かって開き、音が上手方向に流れていくためです。

また、すべてのホールに設置されているわけではありませんが、ステージ上に設けられる合唱席と呼ばれる席も、興味深い席です。

その名の通り、たとえばベートーヴェンの『第九』のような合唱つきの演奏会の場合に合唱団が陣取る場所で、オーケストラ後方に位置します。しかし、合唱つきの曲はそう多くありませんから、この席が一般の観客向けに開放される場合があります。

この席の利点は、音響が必ずしもよくない席なのでチケット代が安いこと、そして、演奏者たちと同じ視点で指揮者の動きを観ることができることです。

私はお金のなかった留学生時代、よくこの席に陣取って、カリスマ指揮者やソリストの様子をオーケストラの一員になったつもりで観ていました。もし機会があれば、ぜひ体験してみてください。

そして、音は上へ上へと伝わるものですから、2階席や3階席のほうが1階よりも音響が優れているホールが多いように思われます。こうした席は通常、1階席よりチケット代が安かったりもするので、実はお得で、よい選び方かもしれません。

ということで、演奏者を間近で見たいときは前方席、心ゆくまで音を楽しみたいときは後方から上階席といったふうに、目的別に席を選ぶことができれば、あなたはもう上級者に一歩足を踏み入れているといえるでしょう。

応用編②　一度は行きたい、すばらしい音楽ホール

演目ではなく、行きたいホールで演奏会を選ぶ――そんなことが、この日本では可能かもしれません。

実は、日本は世界的にみても、クラシック音楽専用のホールがたくさんある国なのです。

１９８０年代、好調な経済状況を受け、音楽ホールが次々と建設されました。それ以前は県民会館や市民会館のような多目的ホールを使用していたため、どうしてもクラシック音楽を聴くには響きが足りなかったのですが、国や自治体、企業が首都圏をはじめ全国各地の都市にコンサート専用のホールを建てたことで、クラシック音楽を聴く環境がかなり充実したのです。

その中から、私の印象に残っているホールをいくつかご紹介します。

まずは、東京・赤坂にあるサントリーホール。日本のクラシック音楽の殿堂と

も呼べる格式高いこのホールが開館したのは、1986年。ちょうどバブル経済の絶頂期です。

室内楽を中心に演奏活動をしているため、私自身がここの大ホールで演奏した経験は2、3回ほどしかないのですが、世界中の有名音楽ホールの音響を手掛けている永田音響設計の豊田泰久《とよたやすひさ》氏が手掛けたホールの音の響きは極上。パイプオルガンを備えた荘厳なホール内の雰囲気は、一度は体験して損はないと思います。

現在は一般向けのコンサートホールとしては使用されていないのですが、カザルスホール（現・日本大学カザルスホール）も、好きなホールでした。

建築家の磯崎新《いそざきあらた》氏の設計によるホールは、スペイン出身の著名なチェロ奏者、パブロ・カザルスの名を冠したホール。日本初の本格的な室内楽用ホールとして長く演奏家や観客に愛され、小規模ながらパイプオルガンも備えられていました。

余談ですが、自らチェロも嗜んだ宮澤賢治《みやざわけんじ》が上京時に定宿とした宿がこのホールの位置にあり、彼の部屋はちょうどオルガンのあたりだったとのことです。

ホール自体もすばらしかったのですが、カザルスホールには演奏会をプロデュースする組織があり、有望な若手を起用した独自の演奏会を企画し開催していたのがユニークな点でした。

その企画室でプロデュースを手掛けていたひとり、箕口一美《みのぐちかずみ》さんは、現在、藝大の大学院国際芸術創造研究科アートプロデュース専攻の准教授として、アートマネジメントを教えています。

比較的小規模なホールで好きなもののひとつが、東京の渋谷区富ヶ谷にあるハクジュホール。医療機器などを手がけるメーカーが運営するホールは、リクライニングシートを導入した世界初のコンサートホールで、心身ともにリラックスしながら音楽を楽しめる仕組みになっています。

また、室内楽にピアノ、声楽のリサイタルに、子どものヴァイオリンコンクールを主催するなど、充実したプログラムでも知られています。

藝大の上野キャンパスの中にある東京藝術大学奏楽堂《そうがくどう》も、皆さんにご紹介したいホールのひとつです。

日本最初の西洋式音楽ホールとして、藝大音楽学部の前身である東京音楽学校内に建てられた奏楽堂（旧東京音楽学校奏楽堂として現在は上野公園内で台東区が管理。重要文化財）。東京藝術大学奏楽堂は、その名前を受け継ぎ新しく設計されたコンサートホールで、1998年に竣工、開館しました。

木材と石という天然素材がふんだんに使われたホールは、どんな音も柔らかく反射させます。また、天井高を変えることによって容積が変わり音響を調節できるという、世界的にみても珍しいシステムを備えています。

もっとも高い天井高は「オルガン天井」と呼ばれ、その響きはヨーロッパの大聖堂のように荘厳かつ深長。フランスの名オルガン製作者、マルク・ガルニエ氏が手掛けたパイプオルガンも備えられています。

柿落《こけらお》とし（新しいホールや劇場での最初の公演）では私も演奏をさせてもらいましたが、まっさらなホールでありながらどこか温かみがあり、100年前の音

東京藝術大学内にある「奏楽堂」　写真提供：東京藝術大学

楽の先人たちの魂が宿っている場所だと感じました。

また、奏楽堂では、近年、忘れられない体験もしました。

藝大のイベントとして不定期で開催している「学長と話そうコンサート～和樹の部屋」の第1回は2019年11月だったのですが、ゲストのさだまさしさんとともにステージに立ち、彼の代表曲のひとつである『北の国から～遥かなる大地より～』を演奏したとき、観客の皆さんがサイリュームのペンライトを振って応援してくださったのです。

色とりどりの光が奏楽堂の広い空間を満たし、それが揺れる光景は、クラシック音楽の演奏会ではまず見られないもので、会場の一体感を実感できてとても感動的でした。

奏楽堂では藝大音楽学部所属のプロオーケストラ、藝大フィルハーモニア管弦楽団の演奏会をはじめ、数々のコンサートが開催されていますので、ぜひ一度足を運び、歴史のこもった音に触れていただければと思います。

応用編③　バレエもオペラも、クラシック音楽を楽しむ一形態

クラシック音楽に触れられる演目としては、コンサートのほかにバレエやオペラがあります。

バレエもオペラも、私はときおり観に行きますが、とくにバレエには少々思い入れがあります。

というのは若い頃、ロシアのバレエ団の日本公演に、当時、創立間もない東京シティフィルのコンサートマスターとして参加し、1カ月ほどバレエ団とともに全国を回って演奏した経験があるからです。

私はまだ若いコンサートマスターでしたから、バレエ団とともにやってきたロシア人のコンサートマスターの隣で演奏に加わりました。

そのことも勉強になったのですが、ロシアから来ていた指揮者がベテランと若手のふたりいて、まったく違ったタイプの指揮をするのが強く印象に残りました。

ベテランの方はダンサーの動きに合わせた無理のない職人的な仕事をしていましたが、若いほうの指揮者は天衣無縫で、ダンサーの事情などお構いなしに音楽優先で突っ走り、ときにはダンサーが転んでしまうようなハプニングも。しかし音楽的にはこちらのほうがずっと魅力的で、同じ音楽でこうも違うのか！　と驚きの連続でした。

舞台のすぐ下にあるオーケストラピットから観る舞台の様子も独特で、手の空いたときにはしばしば間近でダンサーの美しい踊りを眺めたのもいい思い出です。

オペラは、もしかするとクラシック音楽のコンサート以上に、一般の方にとって敷居の高い芸術かもしれません。

ドイツ語やイタリア語はわからないし、どうやって観たらいいのか……と不安に思われる方もいるかもしれませんが、舞台には字幕が流れるスペースがあり、そこを見れば歌もお芝居も意味はわかります。

実は物語自体も、それほど難解でとっつきにくいものではありませんし、お芝居の部分を日本語で行う演目もあったりします。とはいえ、やはりご覧になる前に、登場人物の人間関係やあらすじを少し頭に入れておくことをおすすめします。

チケットの価格の高さも、ひとつのハードルといえるかもしれません。

オペラは音楽と演劇の融合であり、舞台装置も衣装も豪華で大掛かりなものが多く、必然的に数百人もの人手と膨大な制作費が必要になります。

また、海外からやってくる歌劇団の公演だと、その全員の旅費にセットの輸送費等々とさらに経費がかさみ、どうしてもチケット代が高くなってしまうのです。

それでも、少しステージは遠くなりますが、3階席、4階席などは値段も比較的控えめ。音と迫力は十分届きますし、オペラグラス（双眼鏡）さえ持っていけば歌手や演者の動きを観ることもできます。

私も留学中のロンドンでは、よくこうした天井桟敷（天井に近い座席の意味）でオペラを観ました。現地では安い席は1000円、2000円くらいでしたので、学生でも楽しむことができました。

バレエ、オペラのおすすめの演目については、第2章、第4章をご参照いただければと思います。

第6章

もっと聴こう、クラシック音楽

前の章でクラシック音楽の演奏会に行くためのアドバイスをお届けしましたが、「コンサートホールが近くになく、なかなか行けない」「仕事が忙しくて、足を運ぶ時間がない」という方、また「まだまだ感染が心配で、演奏会に行くのがためらわれる」という方もいらっしゃることでしょう。

そういう場合でも、クラシック音楽の音源は、レコードやCD、ネット配信のデータや動画など、実に豊富。今やいつでもどこでも触れられる環境になりました。

家で、移動中に、またどんなときでも気軽に聴くために知っておくとよいこと、また、膨大にある音源の中からどう選んだらいいか、クラシック音楽界で今後活躍しそうな注目の人物は……など、思いつくままにお伝えしたいと思います。

レコード、CDは絶滅危惧種？

第3章の私の来歴でも触れましたが、私が幼い頃、そして学生時代までは、クラシック音楽の音源といえばレコードでした。

実家にあったクラシックの名曲全集をはじめ、子どもの頃からお小遣いを貯めては買ったLPレコード、学生時代に収集したアルバムは、繰り返し、溝が擦り減るまで聴いたものです。

それがいつしかCDになり、時代を経て、今や音源といえばインターネット経由でダウンロードするのが主流になりました。

LPレコードは近年、あらためて注目されているようですが、CDはもはや絶滅危惧種。日本はそれでもまだ数が豊富なようで、私の友人の外国人の音楽家たちは、来日すると大型CDショップに行って、クラシック音楽のCDを買い求めています。イギリスなどでは、買える場所自体がなくなりつつあるとも聞きました。

ダウンロードする音源に加えて、アップルやアマゾンなど、各社が提供している音楽のサブスクリプション（定額制の音楽配信）サービスが台頭してきました。

これはたしかに便利なもので、月々定額の料金を払えば、その会社が権利を保有しているたくさんの音源が聴き放題になります。かつてレコードやCDを買っていたことを考えれば、金額もずっと安価です。

音質についても、デジタルオーディオの一種であるハイレゾ（ハイレゾリューションオーディオ）による配信だと、遜色がないどころか、音質はもはやCDよりはるかに上だといわれています。

私も、ナクソス・ミュージック・ライブラリーという、クラシック音楽に特化したサブスクリプションサービスに加入しています。15万枚ものCD、1000を超えるレーベルが登録されていて、聴きたいもののたいていはここで探して聴けるようになりました。

ユーチューブの台頭は音楽教育の現場をも変えつつある

さらにユーチューブなどの動画配信によって、過去の名演、それも相当古いものまでが映像で、しかもインターネットに接続していればほとんど無料で観ることができるようになっています。

便利にはなりましたが、なかには著作権などをクリアしていないもの、あるいは疑わしいものも混在していて自分で楽しむ分には問題ありませんが、公開の場で使用したり、SNSで拡散したりすると法的責任を問われるケースもあり、注意が必要です。

音楽をめぐるこの状況は、音楽を学ぶ学生たちの学び方にも大きな変化をもたらしているようです。

かつて、新しい曲に取り組むときは、まず楽譜を読み、それをどう音にするかを必死で考えました。もしその曲がレコードになっていればそれを探し求め、演奏会があれば足を運んで聴いたものです。

しかし今は、目の前のパソコンやスマホで曲名や演奏家の名前を検索すれば、すぐに音源や映像がヒットします。

ユーチューブで探した映像を目や耳に焼き付け、それから楽譜を追って練習をするので、自分が最初にその楽譜から何かを読み取るという手順をほとんどの学生がスキップしているようなのです。

いわゆる〝耳コピ〟ですぐに器用に弾けるようになるのですが、ときどき、「それは本当に君がそう感じて弾いているのか?」と尋ねたくなるようなこともあります。

もちろん、音楽の接し方や学び方は、時代とともに変わっていくのは当然のことですし、それをすべて否定するつもりもありませんが、作曲家が楽譜に残したメッセージに真剣に向き合い、自らが感じ、考えることができにくくなっているとしたら、やはり残念なことです。

自分で足を運び、それなりに苦労をして得た情報は、指一本で画面を検索して得られるものとは違う重みがあるはず。ですので、音楽を学ぶ学生たちには便利さを享受しつつ、労をいとわない情熱を持ち続けてもらえたらと思っています。

音源のデジタル化は、一般の方にとっては音楽に触れやすくなったというメリットのほうが圧倒的に大きいでしょう。

このあとは、音源豊富な今の時代に、上質なクラシック音楽に触れるためのさらなる切り口やヒントについてご提案したいと思います。

クラシック音楽に触れるヒント①　「巨匠」で選ぶ〜ヴァイオリニスト編

第2章と第4章ではクラシック音楽の歴史を振り返り、作曲家ごとの代表的な名曲からおすすめをご紹介しましたが、クラシック音楽の音源には「巨匠の名演で聴く」という楽しみ方もあります。

ヴァイオリニストでいうと、私がおすすめしたいのは、まずはヤッシャ・ハイフェッツ（１９０１～１９８７）。ロシア帝国領であった現在のリトアニアの首都ヴィリニュス生まれで、20世紀を代表するヴァイオリニストとして知られています。

ヴァイオリンを始めてから、彼はずっと私のヒーローとも呼べる憧れの存在。私の周囲でも、ヴァイオリンをやっている子ども、とくに男の子は皆、ハイフェッツに憧れていました。

最初にしびれたのは、チャイコフスキーのヴァイオリン協奏曲（↓第4章１１０ページ参照）。小学生の頃、夢中になって、毎日学校から帰ると真っ先に電蓄に向かい、それを5回も6回も続けて聴いていたものです。

彼の演奏の魅力は、斬新ともいえるスピード感。小学生の私には、それまで聴いていたヴァイオリニストの演奏がクラシックカーだとすると、ハイフェッツというスポーツカーがそれを超速で追い抜いていくように感じられました。

それでいて、難しい箇所も鮮やかにクリアするし、とくに音と音を滑らかにつなぐポルタメントには、ハイフェッツならではの味が。真似して弾こうとして、当時習っていた先生によく叱られました。

スペイン出身の名ヴァイオリニストで作曲家、パブロ・デ・サラサーテ（1844〜1908）の代表曲『ツィゴイネルワイゼン』や組曲『動物の謝肉祭』で有名なカミーユ・サン＝サーンス（1835〜1921）の『序奏とロンド・カプリチオーソ』、メンデルスゾーンのヴァイオリン協奏曲（↓第4章93ページ参照）など、彼の演奏で夢中になった曲はたくさんあります。

1970年代以降だったと思いますが、テレビで彼の晩年の演奏会の映像を観たときも、あらためて感激しました。この映像はDVD化されていて、現在も観ることができます（『ハイフェッツ・オン・TV』。CDもあり）。

ウィーン生まれのフリッツ・クライスラー（1875〜1962）も、中学校の後半くらいから憧れたヴァイオリニストでした。

ハイフェッツの魅力が颯爽としたスピード感なら、クライスラーのそれは豊かな音色から醸し出される音の温もり。彼自身が作曲した『愛の喜び』や『愛の悲しみ』といった小品は、演奏会のアンコールによく演奏される短くて軽やかな曲ですが、そこにはクライスラーのセンスや品のよさがよく表れていると思います。

ふたりと並んで私が次に好きになったのは、アイザック・スターン（1920～2001）。ウクライナ生まれで幼少期にアメリカに移住し、そこで活躍したヴァイオリニストです。

彼の弾くブラームスのソナタやヴァイオリン協奏曲（↓第4章103ページ参照）などの風格のある演奏を、レコードでよく聴きました。2001年まで存命だったスターンは何度も来日していて、生演奏を聴くこともできました。

実は、藝大の大学院に在学していた頃、直接レッスンを受けたこともあります。弾いた曲はジャン・シベリウス（1865～1957）のヴァイオリン協奏曲。私がレッスンを受けているとき、その様子を近くで見ていた後輩で指揮者の大野《おおの》和士《かずし》さんによると、私の演奏に対して「彼は今後、世界に羽ばたいていける人だ」と言ってくれたそうです。

翌日、スターンの演奏会があって、私は彼の弾くメンデルスゾーンのヴァイオリン協奏曲を、最前列のど真ん中の席で聴くことができました。巨匠の指さばきを間近に見て感動していたのですが、彼も「あ、昨日の学生だ」と気づいたらしく、緊張したとあとで伝え聞きました。

彼の演奏も多くの音源や映像に残っていますので、ぜひ一度聴いて触れてみてください。小柄で丸っこい体型も、私としては親しみを覚えます。

巨匠で選ぶ～カリスマピアニスト編

ピアニストなら、ぜひ聴いていただきたいのはアルトゥール・ルービンシュタイン（1887～1982）とマルタ・アルゲリッチ（1941～）の演奏です。

ルービンシュタインは、ロンドン留学中に生演奏を聴くことができましたし、その後、映像でも観ました。ハイフェッツとも共演したことのある彼の演奏もまた非常にスピーディーで力強いのですが、演奏のすばらしさに加えて、弾いているときの姿勢がとてもよかったのを覚えています。

小柄ですが背筋がピンと伸びていて、動きに一切の無駄がない。アスリートでも一流の人は動きそのものが美しいのですが、彼のピアニストとしての姿勢にも、そういう研ぎ澄まされた美を感じました。

マルタ・アルゲリッチは今も現役。アルゼンチン生まれのエキゾチックな容貌で、黒髪（今は白くなりましたが）を振り乱しながら一心不乱に演奏する様子は、もしかしたらテレビなどでご覧になったことがある方もいるかもしれません。

彼女は、舞台に出てきた瞬間からその場にオーラがほとばしるような、カリスマ性のあるピアニストです。オーケストラを振り回すように弾いたプロコフィエフ（↓第4章127ページ参照）のピアノ協奏曲第3番などが強く印象に残っています。

グレン・グールド（１９３２〜１９８２）という名前を聞いたり、目にしたりしたことのある人はいるでしょうか？　生きているときも、そして亡くなって40年が経つ今も人気が衰えないカナダのピアニストで、クラシック音楽のみならず、ポピュラー音楽のアーティストたちからも非常にリスペクトされている演奏家です。

その理由は、彼の先進性とこだわりの強さにあるのかもしれません。彼は生演奏をほとんどやらず、レコーディングに力を注いだ珍しいタイプのピアニストで、ベートーヴェンのピアノ協奏曲（↓第２章53ページ参照）の全曲をはじめ、数多くの演奏の音源を残しています。

そのすべてを聴いたわけではないのですが、私も彼の弾くバッハにはとくに惹き込まれました。音楽を聴いているというよりは、何か、音符を通じて言葉が聞こえてくるような、不思議な感覚に陥るのです。これは、グールドだけでなく超一流の音楽家の演奏を聴くとき、よく感じることでもあります。

近年では、彼の演奏をＡＩで再現しようとする試みもあり、注目を集めています。生きていれば、きっとデジタルなど新しいメディアにも挑戦したであろう人ですから、きっとこの状況をおもしろがっているのではないでしょうか。

巨匠で選ぶ～指揮者・楽団編

指揮者には多くの巨匠が存在しますが、やはりヘルベルト・フォン・カラヤン（１９０８～１９８９）はその筆頭に挙げられるべきでしょう。

世界随一のオーケストラであるベルリン・フィルハーモニー管弦楽団の指揮者、芸術監督をはじめ、世界各地の歌劇場や音楽祭の監督も務めた20世紀クラシック音楽の立役者である彼は、音楽にも生き方にも独自のスタイルを貫いた人として知られています。

ほとんど目を閉じて指揮をする彼のタクト（指揮棒）から流れ出す、情緒豊かな音楽。その音楽性の高さとともに、服装や立ち居振る舞いが非常にスタイリッシュなことも特徴でした。一流の俳優のように美しいその姿に、若い指揮者志望の学生（私も含め）は、熱烈に憧れたものです。

単に見た目がいいというだけではオーケストラを束ねることはできませんが、音楽的に優れた感性とともに、注目を集めるカリスマ性を備えていたことが、彼が「帝王」と呼ばれた所以だったただろうと思います。

指揮者ではもうひとり、同じくドイツ出身のカルロス・クライバー（1930〜2004）を推したいと思います。

オペラの指揮を手がけ、フリーランスの立場ながら世界各国の代表的な歌劇場で数多くのオーケストラを指揮した彼もまた、独特の格好よさと色気を備えた指揮者でした。

偶然だったのですが、ロンドンで一度だけ彼の指揮を観る機会に恵まれました。

巨匠カール・ベームが出演予定だったのが、急病のためキャンセル。急遽、ピンチヒッターとして登場したのがクライバーでした。

曲は、カール・マリア・フォン・ウェーバーのオペラ『魔弾の射手』の序曲と、シューベルトの交響曲第3番、それにベートーヴェンの交響曲第7番（↓第2章52ページ参照）だったと記憶しています。

指揮台の上で踊るような、華麗な指揮。いつもは冷静なイギリスのオーケストラの演奏家たちが、その日は何か夢をみているようなムードで演奏していました。

同じく、いつもなら静まり返る客席も、演奏中からものすごく気分が盛り上がっている様子が伝わってきました。最後はスタンディングオベーションで、ホールは観たこともないような大喝采に包まれましたが、その引力の中心にいたのが彼だったのです。

とにかく、カラヤンにしてもクライバーにしても、クラシック音楽では折り紙つきのカリスマですから、現存する音源はどれを聴いても外れはないと思います。

管弦楽団では、カラヤンが終身指揮者を務めたベルリン・フィル、そして年始のニューイヤーコンサートの中継で有名なウィーン・フィルハーモニー管弦楽団が、超一流オーケストラの二大巨頭として盤石の存在感を示しています。

私のお気に入りはチェコ・フィルハーモニー管弦楽団。オーストリア＝ハンガリー帝国時代から100年以上の歴史を重ねたオーケストラで、音程の美しさ、ハーモニーの見事さはベルリン、ウィーンに決して引けを取らず、レパートリーによってはむしろ上ではないかとさえ感じています。

ほかにも、イギリスの有名な音楽雑誌で世界一のオーケストラと称された管弦楽団に、オランダのアムステルダムを本拠地とするロイヤル・コンセルトヘボウ管弦楽団があります。私も演奏をテレビで聴きましたが、さすがだなと思わせる演奏ぶりでした。

オランダは国自体が非常に多様性に富んでいて、オーケストラのメンバーも多国籍。かつて私が藝大で教えていたヴァイオリニスト、内藤淳子《ないとうじゅんこ》さんが第1ヴァイオリン奏者として在籍中です。また、最近引退されましたが、学生時代、ラーチェロ室内合奏団で一緒に活動した波木井賢《はきいけん》さんが、長らくヴィオラの首席奏者を務めていました。

外国人が海外のオーケストラに入るのは今でも容易なことではありませんが、それでも挑戦し続け、活躍の場を拡げている演奏家が数多くいることは、国内で学ぶ学生たちにとってもとても大きな励みになっています。

巨匠の名演を堪能したら、次は伸び盛りの若手に目を向けてみるのはいかがでしょう。現代、そして次世代のクラシック音楽界を背負って立つ若い才能について、何人かご紹介してみたいと思います。

クラシック音楽に触れるヒント②　注目の若手を聴く

ご存じの通り、2020年春からのコロナ禍によって、多くの若手の音楽家たちが活躍の場を奪われてしまいました。

脈々と受け継がれてきたクラシック音楽を次世代につないでいくために、なにかできることはないか――。そのひとつの取り組みとして、クラシック音楽家が数多く所属している音楽事務所、アスペンが「Save The Young Artists」プロジェクトを始めました。

そうして、若手音楽家のコンサートや音楽コンテンツをオンラインで有料配信するプラットホームが立ち上がったのですが、私も藝大で若い音楽家を育てているひとりとして、コンテンツのプロデュースに参加することになりました。

そこに第1弾として登場してくれたのが、藝大の卒業生でもあるサクソフォン奏者・上野耕平《うえのこうへい》（1992〜）さんが率いる「The Rev Saxophone Quartet

（ザ・レヴ・サクソフォン・クヮルテット）」です。

彼は、在学時から数々のコンクールに入賞して頭角を現しながら、『題名のない音楽会』などのテレビ番組にも出演し、タレント的な才能も併せ持つ新星として活躍中。ソリストとしても、またカルテットでも見事な演奏を披露しています。厳しい状況にも負けずにクラシック音楽の新しい地平を目指す彼の取り組みに、ぜひ注目していただけたらと思います。

同じく藝大出身の若手として活躍中なのが、指揮者の沖澤《おきさわ》のどか（1987〜）さんです。

指揮科を首席で卒業したのち国内、海外で経験を積み、2018年に東京国際音楽コンクールの指揮部門で女性初の第1位を獲得。翌年にはフランスのブザンソン国際コンクールの指揮部門で優勝という快挙を成し遂げました。

彼女の才能は在学中から知られていて、私も注目していましたが、小柄で、入学時は一見中学生かと思うようなあどけなさを持ちながら、指揮は力強く頼もしい。そして彼女には、在学中からオペラの上演を行うために、人をまとめて企画を推進するたくましさも備わっています。

指揮者の仕事は、決して指揮台の上でタクトを振っているだけではありません。オーケストラをどんなふうに運営していくか、資金集めの面からも考えていかなくてはなりませんし、そのプランを何十人、ときには１００人を超えるような大勢の人々に伝え、説得するコミュニケーション能力も必要。なにより、そういうことを楽しんでやれる人でないと務まらないのです。

女性でありアジア人の指揮者として、クラシック音楽界のダイバーシティの先頭に立つ存在でもある沖澤さん。これからも世界規模での活躍を期待したいアーティストです。

先の２人より少し年上になりますが、指揮者の鈴木優人《すずきまさと》（１９８１〜）さんも、世界を舞台に活躍するクラシック音楽界期待の才能です。

藝大では作曲を学び、ピアノやチェンバロ（ルネサンス期やバロック音楽で使われた鍵盤楽器）などで幅広く音楽の腕を磨き、国内、海外の大きな演奏会でタクトを振るほか、ダンサーなどクラシック音楽以外の芸術家とも交流が深く、ユニークな企画力と実行力を発揮しています。

鈴木さんと同世代で、やはり世界で注目されている若手指揮者に、グスターボ・ドゥダメル（1981〜）がいます。

彼はベネズエラの出身で、「エル・システマ（El Sistema）」という国の音楽教育プログラムに学びました。貧困地区で生まれ育つ若者に音楽教育を施し、非行を抑止するという国策から生まれたオーケストラは、今や世界のユースオーケストラの中でもトップレベルに発展しましたが、その出身者として世界的な音楽家の地位に上り詰めつつあるのが彼です。

2017年にはウィーン・フィルのニューイヤーコンサートの指揮を任され、世界でもっとも嘱望される指揮者のひとりとなりました。若々しい、明るく躍動感のある指揮をぜひ映像でご覧ください。

ユーチューブ時代の若い才能も、次々と開花しています。ピアニストでユーチューバー「Cateen（かてぃん）」としても人気の角野隼斗《すみのはやと》さん。「フィドル」と呼ばれるアイリッシュヴァイオリンの演奏でファンを増やしている藝大在学中のヴァイオリニスト、大谷舞《おおたにまい》さん。

クラシック音楽家のデビューといえば、以前は生のステージでしたが、音楽や映像において配信全盛の今は、スマホで撮った音声や映像を自分の演出で多くの人に届けることができるようになりました。

日々生まれる新しい才能が、クラシック音楽の枠をいかに拡げ、深めていくか、期待が高まります。そして、聴衆である皆さんは、彼らの支え手。演奏会に足を運んだり、作品を聴いたりして、ぜひ応援していただければと思います。

クラシック音楽ミニ知識・大きな賞を受賞すれば安泰？

演奏家は学生時代から30歳ころまでの若い時代に、国際コンクールに挑戦し腕を競います。

２０２１年は、５月にベルギーのブリュッセルで開かれたエリザベート王妃国際音楽コンクールで務川慧悟《むかわけいご》さん、阪田知樹《さかたともき》さんという２人の若いピアニストが上位入賞。９月には藝大の私のクラスで学び、現在ベルリンで研鑽を積む岡本誠司《おかもとせいじ》さんがミュンヘン国際コンクールヴァイオリン部門で優勝。そして、10月にポーランドのワルシャワで開催されたショパン国際ピアノコンクールで、反田恭平《そりたきょうへい》さん、小林《こばやし》愛実《あいみ》さんと２人の上位入賞者が出て話題となりました。また、直後には、スイスのジュネーヴ国際音楽コンクールのチェロ部門でパラグアイ生まれの上野通明《うえのみちあき》さんが日本人として初の第1位を獲得するなど、受賞ラッシュに湧きました。

国際的なコンクールで入賞するとやはり注目が集まり、人気が出ます。それがデビューの大きなきっかけになったり、演奏会のチケットが完売になったりすることもあるでしょう。しかし、だからといって、受賞できたら音楽家としての地位は安泰……というわけにはいきません。

国内外で行われるコンクールは数えきれないほどあり、毎年、何十人、何百人もの受賞者が誕生します。そして、翌年に次の大会が開催されれば、またあらたなスターが登場するわけです。

自分の経験を踏まえてもそう感じますが、コンクールは受賞してからがむしろスタート。演奏家としてさらに腕を磨き、他にはない個性を育てていかなければなりません。

クラシック音楽の演奏家の人生は、アスリートのそれと大きく違っています。アスリートの場合は、身体能力のこともあり、どうしても若い頃に頂点を迎えるのが宿命ですが、演奏家としての人生はそれより長く続きます。

若いときには、若さゆえのよさがあります。運動神経が鋭敏で、タフな筋力を生かしてテクニックを見せるフレッシュな演奏で聴衆を魅了できます。

しかし、年齢を重ねて、運動神経や筋力が衰えたとしても、そのときにできる別の表現もまたある。それを「味のある演奏」というところまで持っていけるかどうかは、その人の人間的な発展にもかかっていると思います。

大切なのは、「自分の持ち味は何か」ということをきちんと発見し、磨いていけるかどうか。それができる人なら、長く演奏活動を続けて独自の豊かな音楽家人生を築いていくことができるでしょう。

第7章

これからもクラシック音楽は生き続ける

クラシック音楽とは何か、時代ごとにどんな作曲家がどんな曲を作ってきたのか、日本においてクラシック音楽家はどう育つのか、生の演奏会をどう楽しむか、現代のクラシック音楽の聴き方とは……。

ここまで、ずいぶんと長くお話をしてきました。クラシック音楽について、少しでも興味を持っていただけたでしょうか？

締めくくりに、コロナ禍を経た現在、クラシック音楽界がどのような現状にあるのか、そして私たちクラシック音楽の演奏家や教育者が、クラシック音楽という文化を次の世代に受け渡していくためにどんな取り組みをしようとしているのかについて、述べたいと思います。

「芸術は不要不急ではない」コロナ禍で生まれた確信

ご存じの通り、２０２０年春からの新型コロナウイルス感染症の蔓延によって、生演奏の公演をおもな活動としてきた音楽界や舞台芸術の担い手たちは、たいへんな打撃を受けました。

クラシック音楽界も、緊急事態宣言の発令によっての公演中止や観客数の制限、公演時間の短縮や繰り上げ、無観客開催の要請など、この間、さまざまな課題に向き合うことになりました。

また、公演再開が可能になったのちも、感染対策の徹底に加え、より安全な公演形態についての模索が続いています。

それでも、閉ざされていたホールや劇場の扉が開き、公演が再開されたときの感激はひとしおだったと、多くの演奏家や関係者が語っていました。

私自身も、藝大主催のコンサートや澤クヮルテットの公演など、自分の関係する音楽会の度重なる中止や延期に心がふさいだ時期もありましたが、それ以上にお客さまの前で演奏できる事の有難さを感じた時期でもありました。

決して不要不急のものではなく、人間が生きていくために芸術は必要不可欠なものなのだ、そして音楽も、クラシック音楽もまたそうなのだ——ということを、多くの演奏家や業界人、そして一般の芸術や音楽を愛好する方たちが実感した期間でもあったと思います。

芸術を志す若者が減っている？ コロナ禍以前からの危惧

しかし、コロナ禍における不要不急論以前から、日本では芸術や音楽に対する関心が全体的に薄くなっているという傾向は、個人的に肌で感じていました。

藝大の学長として感じる顕著なこととしては、大学で芸術を学ぼうとする若者の数が減ってきていることです。

もちろん、少子化で子どもや若者の絶対数が減っているという状況もありますが、志望する受験者の数はそれ以上の勢いで減少しているのです。

これには明らかに、日本の社会のムードの変化が影響しています。

たとえば、私の育った高度経済成長期は、食べることに困らなくなったぶんこれからは世の中を豊かにしよう、子どもたちには好きなことをさせて夢を存分に追いかけてもらおうという、余裕が社会の側にありました。

音楽が好きなら音楽を、絵を描くのが好きなら美術を、たとえものになるかどうかはわからなくてもとりあえず好きな道に行かせてみようか……という親の考えのもと、才能を伸ばせた芸術家は多かったと思います。

しかし今は、大学に行かせるからには卒業したら手堅く就職して、独り立ちをして食べていくというのが、親の理想像になってしまいました。完全にマインドが変わってしまったのです。

大人だけではありません。将来の夢は？　と尋ねられて、「公務員です」と答える子どもが増えたという話は、少し前から言われるようになりました。長く不況が続いた先行き不安な世の中で、とりあえず保証された将来を選ぶ若者たちが増えるのは、仕方のないことかもしれません。

しかし、芸術の学び舎を司る者としては、やはりそこを放置しておくわけにはいかないのです。音楽学部で早期教育プロジェクトに着手して若い才能を育て、音楽への関心を持ち続けてもらえるよう努力してきました。

２０１６年に学長に就任してからは、先に述べたように「行方不明」となる卒業生（↓第３章83ページ参照）を増やさないことも、私の使命のひとつに加わりました。

具体的に着手したこととしては、藝大の中に「キャリア支援室」を設け、音楽学部、美術学部に学ぶ学生たちの進路相談や就職のサポートを通して、芸術を学んだ学生の社会での活躍の道を拓こうとしていることが挙げられます。

担当理事に就任していただいたのが、麻生《あそう》和子《かずこ》さん。日本の若手芸術家を支援する団体「団・ＤＡＮＳ」（ダンダン）を主宰するなど、長年、芸術家の自立支援を手がけてきた方です。

担当の教職員とともに、音楽や美術を学んだ若い才能が世の中でこの先どんな働きをしていけるか、学生に寄り添いながら模索を続けています。

芸術と音楽の力を生かすために～「AMSプロジェクト」の取り組み

さらに、学長として、またひとりの音楽家として、人間や世の中にとっての芸術の力、とくに自分の専門であるクラシック音楽の価値を多くの人々に知ってもらいたい、そして、一途に芸術の道を極めてきた学生や卒業生がその力を世の中のために生かす活躍の場をプロデュースしていきたい、とも考えるようになりました。

そのための新しいアプローチとして始めたのが、「アーツ・ミート・サイエンス（Arts Meet Science ＝ AMS）プロジェクト」です。

芸術はなぜ人の心を動かすのか――出発点は、そんな命題でした。

芸術に触れることで感動し、心や生活、人生が潤うということは、皆さんも日常、なんとなく感じておられる感覚だと思います。

しかし、その詳細なメカニズムは、まだ解き明かされていません。芸術と科学が協力し、お互いがお互いの知恵を共有し融合させることができれば、人生や世の中をさらに豊かにするあらたな知恵が生まれるかもしれないのです。

そこで、AMSプロジェクトでは、芸術と人、社会との関係性について解き明かすために、これまでに3回、学外からゲストを招き、公開討論会を催しました。

2016年9月に開催した第1回イベントには、世界的チェロ奏者であるヨーヨー・マさん、アメリカの生物物理学者でプロ級のチェロの腕前を持つトーマス・コーンバーグさんなどをお招きして、「芸術と科学に共通するバックグラウンドは何か」というテーマでコンサート・シンポジウムを行いました。

翌年に開催した第2回イベントは、イギリスの名門科学雑誌『ネイチャー』との共催で、京都大学名誉教授で再生医療がご専門の西川伸一《にしかわしんいち》さんと、東京大学医学部助教で同大医学部附属病院の精神神経科に勤務する近藤伸介《こんどうしんすけ》さんをパネリストに迎え、音楽と医学の深いつながりについてお話しいただきました。

人を癒す音楽の力を広く世の中に還元する

このとき、話題の中心に上ったのが、医療現場で普及しつつある「音楽療法」でした。

たとえば、あるタイプの音楽を聴くと人の体や脳が非常にリラックスし、痛みや不安をやわらげることができるといいます。

また、ある種の認知症には、投薬だけでなく音楽を聴いてもらうことで進行を遅らせる効果があるのだとか……。そうした、音楽の力を医療に生かすそうした取り組みが、実際に行われはじめているのだそうです。

以前から、クラシック音楽が胎教やストレス解消に効くとか、乳牛にモーツァルトの音楽を聴かせるといい乳が出るといったことがいわれてきました。人間の心身の健康に及ぼす音楽の効用が科学的に証明されれば、さらにさまざまな可能性が生まれることでしょう。

そして、音楽家にとっても、演奏を披露することで社会に価値を還元できる、新たな可能性を得ることにもつながります。

アメリカなどでは、音楽やアートで医療現場に貢献する音楽療法士や芸術療法士と呼ばれる職業が確立され、音楽大学でそうした人材の育成も始まっているそうです。藝大にも音楽療法を研究している人はいますので、今後ますますその層が厚くなり、職業にする音楽家も現れることが期待されます。

音楽や芸術の持つ力といえば、人を癒し、元気や勇気を与えること、そして、言語や習慣を超えて人の心をつなぐことなどが真っ先に挙げられます。今後は演奏以外でも、科学の力を借りて、医療現場などでの活動をはじめ目に見えるかたちで発揮していけたら……。

AMSプロジェクトは、そんな願いを込めて今後も推進していきたいと思っています。

私論・音楽はこうやって人の心を動かす

科学的といえるかどうかは別として、個人的知見として、私は音楽の持つ力に、次のような仮説を立てています。

音楽には「ワクワクする」と「ジーンとする」という、2タイプの感動があります。「ワクワクする」は、ドキドキ、ときめき、期待感といった言葉で置き換えられます。これは、人の心が緊張するときに得られる感覚です。

一方で、「ジーンとする」は、共感を覚えたり、同情したりと、何かに親しみを感じるときの感覚です。こちらは、心が緊張から解き放たれたとき、つまりリラックスしているときに感じることが多いようです。

ここで、これまで紹介してきたクラシック音楽の名曲の数々を思い浮かべてみましょう。

私が思うに、名曲の中には緊張と弛緩、つまりは「ワクワク」と「ジーン」が極めて巧みに配置されていて、それが人の心を動かす原動力になっています。

音楽に限ったことではなく、文学でも演劇でも映画でも、成功した作品というものは、必ず緊張と弛緩のバランスのよさが決め手になっているのではないでしょうか。

緊張と弛緩は、いずれも筋肉の収縮運動でもあり、私たちの心臓の鼓動とも重なります。心臓は心筋の収縮と弛緩によって身体中に血液を巡らせ、それが生命活動の源となります。

また、食べたものが胃から小腸、大腸へと送られ、排泄に至るまでの蠕動運動も、筋肉の収縮の一形態。こうした緊張と弛緩がもたらす周期性は、人間の心拍、呼吸、ホルモンや神経の働き、脳波などのあらゆるリズムにつながっています。

それを乱すのが、ストレスです。もともとは自然と調和して生きてきた私たちのリズムは、機械文明の発達による多くのストレスにさらされることで、緊張と弛緩のバランスが崩れがちです。

乱れたリズムを正常なものに戻す力を秘めているのが、クラシック音楽をはじめとする優れた芸術作品なのではないでしょうか？　それを象徴しているのではないかと思われる例を、ひとつご紹介しましょう。

中国医学には、「一息四脈《いっそくしみゃく》」という考え方があるそうです。ひとつの呼吸で4回の脈を打つ状態が健康な状態であるという意味なのですが、実はクラシック音楽には、4分の4拍子の音楽（タン、タン、タン、タン、という4拍が1単位となって構成される音楽）が圧倒的に多いのです。

たとえば、癒しを感じさせるクラシック音楽の筆頭に挙げられる、バッハの『G線上のアリア』。この曲は1分間に72拍くらいを打つ4拍子（実際は♪＝72くらい）なのですが、これを一息四脈に当てはめると、72÷4＝18。脈拍数72と1分間に18回の呼吸というのは、健康な人間の平常時の呼吸数・脈拍数と一致します。

西洋音楽には、メヌエットやワルツといった3拍子の舞踊曲がありますが、日本古来の音楽にいたっては、そのほぼ全てが4拍子でできているといわれます。このあたりからも、人間の生理と心地よい音楽の関係の深さが感じられます。

一見難しそうに感じられるクラシック音楽が、国境を超え、何百年もの時間を超えて全世界で今も愛されているのは、生命体としての人間のリズムとうまく連動していて、聴くことで乱れていた体のリズムが自然と整えられ、正常に戻っていくことが理由ではないか……そんなふうに考えてしまうのです。

クラシック音楽ミニ知識・音楽で人の心を操れる？

音楽の拍子と人の心の関連を示す、別の興味深い例もあります。

皆さんが卒業式などに歌われた『蛍の光』。もともとはスコットランド民謡の

『オールド・ラング・サイン（Auld Lang Syne）』という曲で、古い友人と再会し、思い出話をしながら酒を酌み交わしつつ懐かしむ……という内容の曲です。たしかに『蛍の光』にも、別れを惜しみ、もう少しその場に留まりたいと思わせるような雰囲気があります。

この『蛍の光』と同じメロディーを持つ曲が、もうひとつあるのをご存じでしょうか。それは『別れのワルツ』という曲で、全く同じメロディーでありながら、『蛍の光』が4分の4拍子であるのに対し、4分の3拍子になっているのです。

『別れのワルツ』は、おそらく皆さんは日常生活において、『蛍の光』よりも頻繁に耳にしています。

スーパーや商業施設の閉店時間が近づいたとき。館内放送で、アナウンスとともに音楽が流れてきて、「あ、『蛍の光』だ。もう閉店なんだな」と感じたことがあると思います。

実は、あれが『別れのワルツ』。同じく『オールド・ラング・サイン』をもとに映画用に編曲された曲で、ダンスのシーンに使われたため3拍子になっているのです。

先ほど呼吸と脈拍の話をしましたが、心臓の鼓動、これを聴診器などで聴いてみると、「ドクン、ドクン」と3拍子のように聞こえます。4拍子の『蛍の光』が「もう少しここにいたい」という音楽なのに対し、3拍子の『別れのワルツ』は動きを誘発する効果があるのではないでしょうか。

このように、音楽には人の心理に働きかけ、行動を促す力があります。心を落ち着かせるのにも役立ちますが、ある種の音楽には人の心を奮い立たせ、勇気づける働きもあります。

かつてナチスドイツがリヒャルト・ワーグナー（1813〜1883）の勇壮な音楽を使って国民の戦意高揚を促したことは有名ですが、場合によっては人々を団結させ、野蛮な方向に導く力も秘めているのです。

芸術の地位の低下は社会の劣化につながる

へぇ、クラシック音楽って心や体にもいいのか……と思ってくださった皆さんは、きっとこれからより積極的に聴いてくださることでしょう。

しかし、日本の社会においては、コロナ禍以前から、クラシック音楽をはじめ芸術一般への関心がどんどん低下しているのが実情です。

まずは、教育現場の問題。小学校中学校高校までのいわゆる初等中等教育の中で、芸術科目に割かれる時間は過去30年で大幅に減らされてきました。

科学技術の振興を目指す国の方針で、数学や理科、英語などの科目に力が注がれ、そのしわ寄せが芸術科目にきているということです。

しかし、これは大きな問題をはらんでいます。

というのも、数理系の科目というのは、正解をひとつしか求めない傾向の学問です。たとえば、テストでマークシート形式の問題が出題されたとして、ひとつの問いに対して4つの選択肢が提示されると、正解はその中にひとつしかありません。あとは間違いです。

それに対して、芸術科目は、「これはいい」「これもいいけどあれもいい」「私はこれが好き」「みんなおもしろい」というふうに、正解がなく、それぞれが自分の価値観に沿って考え、他人との考え方の違いを照らし合わせながら深めていく学問です。

芸術科目は、昨今のダイバーシティや多様な価値観を認め受け入れていこうという世界中のムードを育てていくうえでも理にかなった科目なので、これが教育現場で隅に追いやられようとしているのは、実に残念なことです。

もし正解をひとつしか求めない教育を受けた人たちが社会の中心を担うようになったら、いったいこの国はどうなるでしょうか?

事実、先の読めない問題に直面したとき、たったひとつの正解が上から指示されるまで動けず、細やかで臨機応変な対応ができなかったことが、このコロナ禍で浮き彫りになりました。

戦後の復興期など、皆が等しく成長していくために画一的な価値観が力を発揮した時期もありましたが、もう今はそういう時代ではないのです。

また、教育現場だけでなく、日本の社会の中でも、芸術振興に対する熱意が年々失われつつあるのも残念なことです。

日本は教育にかける公的支出の割合はＯＥＣＤ（経済協力開発機構。世界の先進38カ国が加盟する国際機関）加盟国の中でも最低水準で、文化芸術に支出する予算もＯＥＣＤ平均をはるかに下回っています。

第3章（↓75ページ参照）でも少し述べましたが、芸術振興にかける予算は日本の国家予算全体のわずか0・1パーセント余りにすぎず、教育設備を整えるにも、文化芸術を国内や海外に広める活動を行うにも不十分です。

日本は少し前まで世界第2位の経済大国といわれてきましたが、今やそれも昔の話。そして、経済以上に、教育や文化の面になると、もはや世界の中で二流どころか三流にまで落ちかかってきているように感じます。

このふたつの状況は、決してそれぞれに起こっていることではなく、多様性や柔軟な価値観を重んじる文化芸術を不要不急のものとして隅に追いやってきたツケが、国際的存在感の低下として今、明らかになっているように思われるのです。

芸術とクラシック音楽の再興を、まずは「市民の力」から

一方で、芸術界や音楽界にも、問題がないとはいえません。

クラシック音楽の歴史を振り返っても、バロック以前は教会や宮廷の庇護のもとで発展し、教会が相対的に力を失ったのちは王侯貴族や都市が育て、革命後の市民社会では資本家や企業家といったブルジョワジー（有産階級）など、社会で一定の成功を収めた人たちがお金を出し合い、芸術と芸術家を支援してきました。

こうした状況では、世界的な不況や国の緊縮財政が続くと、どの国もどの企業

も財布の紐が固くなるのは自明のこと。つまり、パトロン（趣旨に賛同し、支援、後援を行う人や団体）がいてやってきた体質自体に、もともと非常に心もとない部分があったのです。

しかし、それでも芸術や音楽を愛し、支援しようという動きもあります。たとえば、「ワンパーセント・フォー・アート」という考え方があります。20世紀半ばに欧米で起こった運動で、公共施設や橋、公園といった公共建築の建造費の1パーセントを、その建造物に関連、付随する芸術作品のために支出するという取り組みです。

建造物とともに芸術作品を世に送り出すことで、社会にうるおいを供給しつつ、若いアーティストたちに創作の機会を与えることにもなるこの取り組みは、日本でも公益財団法人日本交通文化協会によって進められ、賛同者を増やしつつあります。

また、国や公的機関に頼らず、民間から支援しよう、力を結集しようという動きもさかんになっています。

その中心になっているのが、寄付やクラウドファンディング（不特定多数の人が、ある目的の達成のために資金提供や協力を行うこと）でしょう。

藝大でも、コロナ禍で芸術活動に影響を受けている若手芸術家に対し、活動を存続させ、支援するための「若手芸術家支援基金」を２０２０年6月に設立しました。多くの方が趣旨に賛同してお寄せくださった基金により、在学生の学びや研究の支援や発表会、演奏会の開催などが可能になりました。

アーティストや音楽家が作品づくりやパフォーマンスを行う際、クラウドファンディングを呼びかけることも、ごく身近で一般的になりました。自分たちが支えたい芸術をおのおのの力で支える仕組みは、このコロナ禍によってインターネット上を中心により多種多様になったと感じています。

おわりに〜クラシック音楽を未来につなげるのは「あなた」

様です。

芸術の支え手は、市民である——それは、クラシック音楽についてもやはり同様です。

支え手といわれても……と戸惑われるかもしれませんが、クラシック音楽に対してと同様、あまり堅苦しく構えないでください。

この本を手に取ってくださったときのように、まずはクラシック音楽に興味を持ってくださることが第一歩。そこから、音源を探して聴いてみる、演奏会に行ってみる、好きな音楽家を支援する……というふうに、歩みを進め、広げていただけることが、何よりの支えになるのです。

もちろん、興味があれば、ご自身が演奏を始めるのもいいと思います。

音楽教育の世界では、これまではどちらかというと早期教育に力が注がれてきました。ですが、少子高齢化が進み、また人生100年時代に好きな道を極めるためのリカレント教育や晩期教育と呼べるものもまた必要ではないか、という声が高まっています。

クラシック音楽に触れてそのよさを知った方が、楽器に触れたり、演奏に取り組んだりすることで、そのすばらしさを人生の楽しみにしていただきたいのです。

話がずいぶん大きくなってしまいましたが、要は、クラシック音楽との縁を少しでも感じた方には、これからもどうかクラシック音楽を好きでいていただきたいと切に願っています。

芸術の必要性、クラシック音楽の価値を伝えるうえで、私は当初、人に安らぎとうるおいを与えて心身にいい影響を及ぼす……というレベルで考え始めていました。

しかし今はもう、これからの日本をそして世界を救えるのは芸術しかない！というほどの思いが胸にあります。

もちろん、クラシック音楽もそのひとつ。世紀を超え、国境を超えて生き続け、今も世界中で愛されているクラシック音楽は、これからも人間の生活を豊かにする、なくてはならない存在。

それを皆さまにお届けする音楽家のひとりでいることは、私にとってはこれまでも、そしてこれからも大きな誇りです。

本書の執筆にあたっては、かねてより藝大広報誌『藝える』の執筆者として全幅の信頼を寄せている大谷道子さんに、私のクラシック音楽にかける思いを、献身的ともいえる情熱でサポートしていただきました。

また、東京藝術大学音楽学部名誉教授の土田英三郎先生には、音楽学者の立場から、校閲や貴重な助言をいただきました。

皆さまのご尽力に心より感謝いたします。

澤　和樹

●著者プロフィール
澤 和樹（さわ・かずき）
1955年和歌山市生まれ。1979年東京藝術大学大学院修了。ロン＝ティボー、ヴィエニャフスキ、ミュンヘンなどの国際コンクールに入賞。イザイ・メダル、ボルドー音楽祭金メダル受賞など、ヴァイオリニストとして国際的に活躍。1990年澤クヮルテット結成。1996年指揮活動開始。2004年和歌山県文化賞受賞。東京藝術大学音楽学部教授、音楽学部長を経て、2016年4月より東京藝術大学長。英国王立音楽院名誉教授。

マイナビ新書

教養として学んでおきたいクラシック音楽

2022年3月5日　初版第1刷発行

著　者　澤 和樹
発行者　滝口直樹
発行所　株式会社マイナビ出版
〒101-0003　東京都千代田区一ツ橋2-6-3　一ツ橋ビル2F
TEL 0480-38-6872（注文専用ダイヤル）
TEL 03-3556-2731（販売部）
TEL 03-3556-2735（編集部）
E-Mail pc-books@mynavi.jp（質問用）
URL https://book.mynavi.jp/

構成　大谷道子
協力　土田英三郎
装幀　小口翔平＋後藤司（tobufune）
DTP　富宗治
印刷・製本　中央精版印刷株式会社

ISBN978-4-8399-7662-0

Printed in Japan